교수 및 총장은퇴 기념 고별강연

잊혀지는 자의 기억

길

빈 들에 꽃이 피니
꽃밭이 되고,

바다에 길이 나니
바닷길이 되었다.

그가,
인생에 길을 내시니
길이요,
진리요,
마침내 생명이 되셨다.

그리고 이르셨다.
"나로 말미암지 않고는
아버지께로 올 자가 없느니라."

I am the way,
and the truth,
and the life.

No one comes to the Father
except through me.(Jn. 14:6)

사진 **진형식** | 글 **정창균**

정창균

그는 설교자요 학자요 목회자다.
2021년 2월 합동신학대학원대학교 총장 임기를 마치고
은퇴하였으며, 지금은 명예교수요, 남포교회 협동목사이다.
그는 강의실과 교과서에 갇힌 신학이 아니라,
현장에서 작동하는 신학을 외치고 있다.

설교자하우스를 설립하여 22년째 한국교회 강단의 말씀 회복을
위하여 하나님의 말씀의 능력을 나타내는 설교자를 길러내는 일
에 몰입하며 다양한 사역을 이끌고 있다.

매주 토요일 유튜브와 설교자하우스 홈페이지를 통하여
『설교자하우스 온라인 채플』을 운영하고 있다.

고정관념을 넘어서는 설교, 강단으로 가는 길, 하나님을 만나다
(룻기 강해), 신자의 간구(주기도문 강해), 기도하는 바보가 되
라, 신자로 산다는 것, 하나님과 동행하는 삶, 신자는 그래도 제
길을 간다 등을 저술하였으며, 청중과 소통하는 설교를 번역하
였고, 종말신앙, 교회는 개혁되어야, 경건, 뉴 노멀시대의 교회와
목회 등을 공저하였다.

차 례

부록

서문

나는 합동신학대학원대학교에서 23년 교수 생활을 하고, 2021년 2월 말 총장 임기를 마치면서 은퇴하였다. 이 책은 은퇴식에서 행한 고별강연을 정리하여 책으로 엮은 것이다. 몇 분이 강연안을 발췌하여 행한 고별강연을 영상으로 듣고 전체 내용이 수록된 원고를 요청해왔다. 어떤 이들은 책으로 발간하라고 격려하기도 하였다. 그런 반응을 접하고 나니, 책으로 만들고 싶은 마음이 은근히 발동하였다. 소책자 한 권 내고 싶은 욕심 때문이 아니었다. 고별강연에서 한 몇 마디 말들은 생각해보니 평생의 공직을 마감하고 자연인으로 돌아가면서 내게 남는 나 됨의 요약이라는 생각이 들었기 때문이다. 동시에, 이제부터 잊혀지는 자가 되어도 이것은 잊지 않고 기억하고 싶다는 개인적인 소망 때문이기도 하였다.

잊혀지는 자의 기억

나 자신에게는 살아온 인생을 마감하는 자리요, 새로 시작하는 인생의 출발점이라는 의미심장한 자리에서 하나님 아버지께 드리는 예배에 박영선 목사님이 설교를 해주셨다. 그래서 그 설교문도 이 책에 실었다. 설교의 내용도 내용이지만, 박 목사님과 누려온 관계를 오래 기념하기 위해서라도 나의 고별강연 책에 그분의 설교를 나란히 함께 두고 싶었다. 박영선 목사님과 나는 20년 가까이 가깝게 지내왔다. 우리는 깊은 교제를 나누면서 우리 두 사람의 만남은 참으로 신비롭다며 자주자주 감탄하곤 했다. 서로 말이 통하다가, 마음과 생각이 통하게 되었고, 우리도 모르는 사이에 진심으로 서로를 편들어 주는 사이가 되었다. 아무튼 나는 그분이 늘 고맙다.

설교와 함께 나의 은퇴를 축하해준 분들이 여럿 있었다. 그 가운데 세 사람의 축사를 특별히 골라서 이 책에 함께 실었다. 신학교 1학년 강의실에서 만난 이래 40년 세월을 절친으로 지내 온 혈육같은 친구들이다. 세 사람이 각각 마치 나의 영웅담을 지어내듯 부풀려 축사를 해주었다. 낮이 간지럽기는 하지만 찬찬히 들어보니 재미가 있었다. 각각 개성 있게 내가 어떤 사람으로 살았는지를 회고해주었기 때문이다. 한 사람은 전형적인 정든 친구의 입장에서, 다른 한 사람은 전형적인 목회자의 안목으로, 그리고 나머지 한 사람은 학자의 안목으로 나를 기억하고 평하고 높여주었기 때문이다. 홍동필, 조봉희, 조병수가 이 세 친구이다. 이 세 친구의 축사를 나이 들어가는 나 자신을 위하여 나의 고별강연과 함께 실었다.

나는 어느 때, 어느 곳에서도 볼 수 없을 성대하고 분에 넘치는 은퇴식을 하였다. 합동신학대학원대학교에서 함께 설교학을 가르쳐 온 이승진, 권 호 교수 두 분의 자상하고 깊은 배려와 애정의 결과였다. 나도 모르는 사이에 두 분은 "잊혀지는 사람"을 위하여 오래전부터 그렇게 준비를 해온 것이었다. 거기에 20여 년 동안 설교자하우스에서 선생과 제자로, 그리고 마침내는 친구로 함께 살아가는 시니어 하우스맨들의 물불 안가리는 응원도 큰 몫을 하였다.

나의 은퇴식은 내게 사람 살아가는 이런저런 많은 생각들을 하게 하였다. 나와 내 아내는 나란히 앉아 이 과분한 현장의 주인공으로 대접을 받는 내내 큰 즐거움과 보람에 젖어 많이 행복하였다.

나는 이제 다소 흥분하며, 날개 단 개인으로 훨훨 또 다른 새 인생을 시작하고 있다.
아무래도 재미있을 것 같다.

2021. 10.
잊혀지는 자
정창균

들어가는 말

"이제 우리는 잊혀지는 것에 익숙해지는
연습을 해야 해요."

잊혀지는 자의 기억

수년 전, 은퇴를 얼마 남겨놓은 존경하는 목사님이 마주 앉아 대화를 나누다가 문득 하신 말씀이었습니다. "이제 우리는 잊혀지는 것에 익숙해지는 연습을 해야 해요." 평생 목회한 초대형 교회 은퇴를 그런 맘으로 준비하며 당신 자신을 채비하는 말로 들렸습니다. 가슴이 뭉클해지면서 나도 미리 한 수 배웠습니다. 그 어른이 오늘 저의 은퇴식에서 설교 말씀을 해주신 박영선 석좌교수님입니다.

이 자리는 평생 해온 가르치는 자리와 지난 4년 동안 학교 행정을 책임졌던 총장의 임기를 마치고 공직에서 떠나는 것을 기념하는 마지막 공적 강연 자리입니다. 학술적

논제를 발제하는 자리가 아닙니다. 그렇다고 구구절절 잡다한 개인사를 늘어놓는 자리도 아닙니다. 이 두 이야기를 교묘하게 조합해야 하는 어정쩡하고 낯선 자리입니다. 그러나 나에게는 매우 의미 있고 감동적인 자리입니다. 사람은 어느 세월만큼 살아보지 않고는 결코 알 수 없는 것들이 있습니다. 나는 지금 이 자리에 서면서도 인생에 대하여 몰랐던 것들을 배우면서, 사람은 죽는 순간까지 배운다는 사실을 다시 확인합니다. 조직의 일원으로서 공적인 책임을 걸머지고 살아왔던 공인의 자리에서 이제 자유로운 개인으로 남은 얼마 동안의 새로운 인생을 시작한다는 사실이 감격스럽기만 합니다. 이만큼 살고 이제 잊혀지는 자리에 들어서면서, 여전히 기억에 남는 것들 몇 가지를 여러분과 나누어보려고 합니다. 은퇴하는 자에게만 특권으로 부여되는 특별하고도 영광스러운 기회이기도 합니다. 1. 회한 2. 나에 대한 기억 3. 신학에 대한 기억 4. 신학교육에 대한 기억 5. 신학과 목회현장에 대한 기억 6. 설교와 설교학에 대한 기억이 그것입니다.

사람은
어느 세월만큼 살아보지 않고는
결코 알 수 없는 것들이 있습니다.

그런즉
믿음, 소망, 사랑, 이 세 가지는 항상 있을 것인데
그중에 제일은 사랑이라

And now faith, hope, and love abide, these three;
and the greatest of these is love.

(고전 13:13, 개역)

1

회한

悔恨

■

이 날까지 목회자요 교수로 살면서 이 나이 되어 남는 한 가지 후회가 있습니다. 사랑이 모든 것의 근원이요, 모든 이치는 결국 사랑이라는 한 점으로 모인다는 사실을 실감도 실천도 못한 채 사역 말미, 인생 끝자락에 이르렀다는 후회입니다. 사랑이 모든 율법과 선지자들의 대강령이라는 본문 말씀을 교우들이 잘 알아듣고 깨닫고 감동하도록 멋있게 설명하는 일에 주력했지, 내가 그 말씀을 살아내는 데는 주력하지 않았다는 회한입니다. 사랑은 오래 참는다는 사도의 말씀이 무슨 뜻인지 명쾌하게 그리고 감동적으로 설명은 했는데, 나 자신이 오래 참는 사랑을 하지는 않았다는 사실을 이제야 깨닫고 회한에 빠집니다. 지금 다시 목회를 하고 지금 다시 교수사역을 시작한다면 그렇게 하지 않을 것

같다는 생각을 해봅니다. 기회와 실천이 늘 한 발짝씩 엇박으로 다가온다는 것을 확인하고 회한과 무기력증에 가슴이 답답해지곤 합니다. 할 수 있을 때는 그것을 모르고, 알았을 때는 할 수가 없습니다. "그래서 인생이려니… " 스스로를 달래며 넘어갑니다. 그러나 분명한 사실은 이것입니다. 기독교 신앙만이 참 사랑을 이루어낼 수 있습니다. 사랑스러울 책임이 상대방에게 있는 것이 아니고, 사랑스럽지 않지만 사랑할 책임이 나에게 있습니다. 그래서 기독교의 사랑은 감정의 문제가 아니고, 의지의 문제입니다.

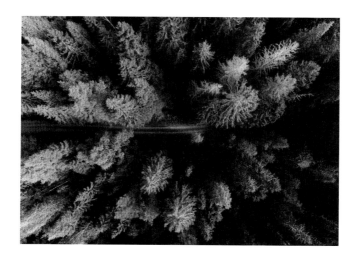

이스라엘이여 너는 행복한 사람이로다
여호와의 구원을 너 같이 얻은 백성이
또 누구란 말이냐!

The LORD has rescued you
and given you more blessings than any other nation.

(신 33:29, 개역)

2

나에 대한
기억

■

구원 - 가장 큰 복

내가 인간이 되어 받은 가장 큰 복은 구원을 받은 것입니다. 우리 아버지는 우리가 어릴 때부터 자주 말씀하셨습니다. "너희들은 김용안 목사님의 은혜를 평생 잊어서는 안된다." 우리 아버지는 일본식민지 시절 17살 때 김용안 목사님의 전도를 받아 예수 믿고 구원을 받았습니다. 예수 믿고 보니 구원받은 사실이 얼마나 귀하고 감사하였던지, 구원에 이르도록 결정적인 역할을 해주신 김용안 목사님의 은혜를 자식들에게도 기억하게 하고 싶으셨던 것입니다. 일흔 아홉 되시던 해 설날에 온 가족이 모여 목사인 나의 인도로 명절 예배를 드렸습니다. 예배를 마치고 늘 해오던 대로 장로 아버님께 한 말씀 하시라고 시간을 드렸습니다. "내가 가장 큰 복을 받았다." 그것이 첫 마디였습니다. 왜 그렇게 생각하시냐고 여쭈었습니다. "우리 집안에서 나 혼자 예수 믿었다. 그런데 지금은 내가 낳은 8남매는 말할 것도 없고, 들어온 사위든지 며느리든지, 손자 손녀는 물론 심지어 조카들까지 쫙 다 믿는다." 낳은 아들딸, 들어온 사위와 며느리, 손자 손녀를 합하면 우리는 36명이었습니다. 그리고 두 달쯤 있다가 부활주일 전날 토요일에 갑자기 쓰러지셔서 응급실로 옮겨지셨습니다. 그리고 수요일에 그렇게 좋아하시던 하나님께로 돌아가셨습니다. 아버지는 인생 연륜이 쌓여갈수록 당신이 예수 믿고 구원받았다는 사실이 그렇게 귀하고 그렇게 복되게 여겨졌던 것입니다.

나이 들어가니 나도 우리 아버지와 똑같게 됩니다. 나이 이만큼 살고, 그간 책임을 걸머지는 공인에서 이제 자유로운 개인으로 돌아가 노년을 살아갈 생각을 하니 우리 아버지의 심정을 내가 품게 됩니다. 예수 믿고 구원을 소유한 사람으로 살아간다는 것이 무엇보다도 큰 복입니다. 모세가 강 건너 가나안 땅을 떠올리며 이스라엘 백성을 모아놓고 했던 이 땅에서의 마지막 그 말을 나는 가끔 떠올립니다. "이스라엘이여 너는 행복한 사람이로다 여호와의 구원을 너 같이 얻은 백성이 또 누구란 말이냐!"(신 33:29). 이것은 바로 나의 고백이기도 합니다. 비록 흩어진 나그네로 평생을 살고 있지만 구원받은 나 한 사람은 삼위 하나님이 총동원하여 만들어내신 놀라운 결과물입니다. 성부 하나님의 미리 아심과, 성령의 거룩하게 하심으로 순종케 하심과, 성자 예수 그리스도의 피 뿌림이 동원된 결과물입니다(벧전 1:2). "누가 우리를 그리스도 예수의 사랑에서 끊으리요.... 이 모든 일에 우리가 넉넉히 이기느니라.... 어떤 피조물이라도 우리를 우리 주 그리스도 예수 안에 있는 하나님의 사랑에서 끊을 수 없으리라!"(롬 8:35-39). 환난, 곤고, 핍박, 기근, 위험, 적신, 칼, 눈앞을 어른거리는 죽음의 현실 한복판에서 사도 바울이 그렇게 개선장군처럼 당당하고 최후 승리자처럼 자신만만하게 외치며 살 수 있었던 것은, 자신이 가진 구원에 대한 확신 때문이었습니다.

나는 확실히 구원을 받은 자로서 사나 죽으나 하나님이

나의 아버지요, 예수 그리스도가 나의 구원자이심을 확실히 믿고 기억합니다. 만에 하나 내가 나중에 정신이 혼미한 병에 걸려 이 사실을 부인한다고 하여도 그것은 나의 본심이 아닙니다. 그 사람은 내가 아닙니다.

이렇게 귀한 구원을 한 사람이라도 더 받게 해야 한다는 열정을 품고 전도하는 일에 힘을 내는 것이 정말 중요한 일이요, 큰 책임인데, 그 일을 소홀히 하며 지내 온 것은 하나님 앞에 설 때도 나의 부끄러움입니다. 모태신앙으로 태어나서 자랐기 때문에, 구원이 극적인 사건으로 경험된 적이 없어서 전도의 열정을 품을 기회가 없었다고 늘 변명해왔는데, 지금 보니 그것은 가증한 거짓말이었습니다. 모태신앙 탓이 아니라, 믿음이 없는 탓이었고, 구원받았다는 사실이 얼마나 어마어마한 사건인가를 절실히 깨닫지 않은 탓이었습니다. 총장 임기 마지막 한 해라도 수원역에 나가서 전도를 해보겠다고 작심하고 만화책 전도 책자를 여러 박스 구입해놓았지만, 두어 달 후 닥쳐온 코로나바이러스 사태로 아무데서도 낯선 사람을 만나서 말을 거는 것이 불가능하여 뜯지도 못한 박스만 일년 가까이 총장실에 쌓여있습니다. 내가 직접 전도하여 구원을 받게 한 사람이 거의 모두 기억에 남을 정도로 소수이니, 그 점에서는 나는 실패자입니다. 이 사실이 또한 이 시점에서 나의 커다란 회한입니다. 목회자는 사람을 책임지는 사람이고, 사람을 책임지는 최우선의 방법은 영혼을 구원하는 것입니다.

죄 된 인간

인간은 별수 없는 죄인입니다. 인간은 철저하게 부패하고 완벽하게 무능한 죄인이라는 사실을 나는 확실히 믿습니다. 내가 얼마나 철저하게 부패한 죄인인가를 알기 위해서는 굳이 성경을 읽어보거나 개혁주의 인간론을 공부할 필요 없습니다. 약간의 양심만 가져도 인간은 소망 없는 죄인이라는 사실을 누구나 알 수 있습니다. 나는 사람은 어쩔 도리 없는 부패한 죄인이라는 사실을 나를 보고 압니다. 나는 "하나님 아버지!" 하고 하나님을 불러놓고 마주 앉아 기도하는 그 순간에도 때로는 과거에 범했던 죄,

또는 새로운 죄가 되는 언행들이 불쑥 떠오르곤 합니다. 저절로 그렇게 됩니다. 나는 그런 내가 너무 싫습니다. 하나님 아버지를 불러놓고 그 면전에서 이 따위 짓을 하는 내가 너무 밉습니다. 그리고 이런 현장을 빤히 보고 내 앞에 계실 하나님께 너무 면목이 없습니다. 기도를 하다 말고 나 자신에게 쌍욕을 합니다. "미친 놈! 나쁜 새끼!" 그리고는 하나님께 아룁니다. "하나님, 나 좀 살려주세요. 내가 나 때문에 못살겠어요! 내가 나를 죽여요." 그리고는 욥이 재 가운데 앉아서 했던 말을 하소연 삼아 나도 하나님께 토해냅니다. "나도 내가 싫어요. I hate myself!" 같은 죄를 반복적으로 범하는 문제는 참으로 해결할 길이 없습니다. 간절히 회개하며 다시는 그런 행동이나 언행을 하지 않겠으니 이번만 용서해주시라는 기도를 끝없이 반복합니다. 그래도 돌아서서 또 그 짓을 합니다. 같은 문제로 고민하다 절망적으로 쏟아내던 사도 바울의 탄식이 나의 절망과 탄식이 됩니다. "오호라 나는 곤고한 사람이로다 이 사망의 몸에서 누가 나를 건져내랴"(롬 7:24). 사람은 죄를 지어서 죄인이 되는 것이 아닙니다. 죄인이어서 죄를 범합니다. 스스로 죄를 다스릴 수도, 해결할 수도 없습니다. "하나님이여 내 속에 정한 마음을 창조하시고 내 안에 정직한 영을 새롭게 하소서"(시 51:10). 이것은 아침마다 드리는 나의 기도입니다. 죄짓는 것이 내 책임이 아니라는 말이 아니라, 죄를 다스리는 일에 대하여 무능력자라는 고백입니다.

탄식과 회개

고통의 현실에서 취할 최우선의 반응은 탄식과 하소연입니다.

개인이나 교회나 국가나 혹독한 환난이나 고통의 상황에 직면했을 때 우리 신자들이 가장 먼저 해야 할 일은 따로 있습니다. 아프다고 소리 지르고, 하나님 어디 계시냐고 하소연하며 하나님 앞에 엎드려 우는 것입니다. 답답하고 쓰린 마음을 하나님 앞에 실컷 털어놓는 것입니다. 이것이 혹독한 고통의 시절에 우리가 취할 가장 중요한 첫 동작입니다. 이 현상에서 겪는 고통은 덮어버린 채 쉽사리 회개 운동이나 회복을 위한 기도 운동으로 넘어가지 말아야 합니다. 하나님께 우리의 아픔을 털어놓는 새 출발의 현장을 무시하거나 지나쳐버리는 잘못을 범하지 않아야 합니다. 아프면 아프다고 소리 지르는 것이 먼저입니다. 죽을 것 같은데 죽고 싶지 않으니 살려달라고 아우성치는 것이 먼저입니다. 현실의 고통이 분출해내는 애통과 탄식을 무시하고 쉽사리 회개와 결단 같은 경건한 운동으로 건너뛰기를 하지 않아야 한다. 현실을 하나님께 털어놓고 아파하고 울며 하소연하는 것은 무책임하고 뻔뻔스러운 처신이 아닙니다. 전능하신 하나님 앞에서 무능하고 제한적인 인간이 갖출 수 있는 가장 겸손한 모습입니다.

회개 운동은 위기를 넘기기 위하여 하나님을 다루는 우리의 전략 전술이 아닙니다. 고통 가운데 던져진 죄인이 고통을 면하고 살아나는 데는 하나님의 긍휼이 먼저입니다. 하나님은 더 이상 못살겠으니 하여튼 살려달라고 애통하고 탄식하는 자기 백성에게 긍휼의 은총을 베푸십니다. 고통 가운데서 우리가 외쳐야 할 첫 외마디 부르짖음은 다른 것이 아닙니다. "진노 중에라도 긍휼을 잊지 마옵

소서"(합 3:2) 라는 탄식과 하소연입니다. "회개하오니 이
제 살려주옵소서"가 아닙니다. 고통의 자리에서 다시 얻
은 생명은 하나님 아버지의 긍휼의 열매이지, 우리가 회
개하여 얻은 획득물이 아닙니다. 신학자와 목회자는 신자
들과 교회가 겪는 이러한 참혹한 현상 가운데 던져진 교
회와 교우들과 함께 애통하는 것이 우선입니다. 특별히,
코로나 바이러스로 말미암아 혹독한 상황이 이어지고 있
는 이 시점에서 가장 중요한 것은 지금 모두가 너무 아프
고 고통스럽다는 사실입니다. 이 참혹한 현상을 설명하거
나 해설하려 하지 말고 같은 마음으로 애통하고 탄식하고
울며 아픔을 토로해내는 현장을 공유하는 것이 우선이어
야 합니다. 함께 하는 애통과 탄식이 첫 출발점입니다. 회
개와 대책과 분석은 차후 문제입니다.

죽음과 멸망의 구렁텅이에서 하나님의 긍휼을 맛본 자,
불쌍히 여겨주시는 하나님을 경험한 자는 반드시 회개합
니다. 그러므로 회개는 아버지 하나님의 긍휼이 만들어
낸 결과이지, 하나님을 움직이게 만드는 원인이 아닙니
다. 회개의 가치를 부인하거나 회개의 책임을 거부하자는

고통 가운데서 우리가 외쳐야할
첫 외마디 부르짖음은 이것입니다.

진노 중에라도 긍휼을 잊지 마옵소서

것이 아닙니다. 회개마저도 하나님의 긍휼의 은총을 입는 자라는 증거일 뿐임을 분명히 하고 싶은 것입니다. 회개할 수 있는 것 자체가 이미 하나님 아버지의 긍휼의 은혜가 작동한 증거입니다. 그것이 없이는 아무도 회개할 수 없습니다. 회개할 기회를 탈취해버리는 것은 하나님이 살아 있는 인간에게 내릴 수 있는 가장 무서운 심판입니다. "너희가 듣기는 들어도 깨닫지 못할 것이요 보기는 보아도 알지 못하리라. 이 백성의 마음을 둔하게 하며 그들의 귀가 막히고 그들의 눈이 감기게 하라"(사 6:9-10).

나는 죄를 이길 수도 없고, 죄를 벗어날 수도 없고, 죄의 댓가를 지불하고 해결할 수도 없는 별수 없는 죄인이라는 사실을 깨달은 이후 오늘날까지 평생 하나님 앞에 내놓는 나의 하소연은 이것입니다. "진노 중에라도 긍휼을 잊지 마옵소서!" 이것은 회개라는 원인을 내가 내놓았으니까 이제 하나님의 차례라고 하나님께 공을 던지는 것이 아닙니다. 일이 벌어진 원인이야 어찌 되었든 하여튼 살려달라고 하나님의 긍휼에 매달리는 애원입니다. 어찌 보면 "뻔뻔한 겸손"이기도 합니다.

사랑이신 하나님

하나님은 사랑입니다. 나는 하나님은 사랑이라는 이 사실을 이제는 성경을 읽어보고 알지 않습니다. 다른 사람 간증 들어보고 확인하지 않습니다. 나는 나를 보고 하나님은 사랑이시라는 사실을 압니다. 하나님은 다 들으셨으면서도, 아무것도 못 들으신 척하십니다. 다 보셨으면서도, 아무것도 못 보신 척하십니다. 다 아시면서도, 아무것도 모르시는 척하십니다. 그렇게 나에게 속아주시면서 오히려 기다려주시고, 오히려 앞장 세우시고, 오히려 이리저리 인도하십니다. 하나님이 나를 아시듯이 여러분이 나를 아신다면 여러분은 벌써 나를 끊어버리고, 돌을 던지고, 합신 큰일 났다며 새로운 총장감을 찾아 나설 것입니다. 물정 모르고 시건방 떨던 젊었던 한때는 그래도 내가 중심은 바로 가지려고 애쓰니까 모든 일들이 잘 풀려나가는 줄 알았습니다. 그래도 믿음대로 살아보려고 애쓰니까 하나님이 복을 주셔서 그런다고 가끔 착각하였습니다. 그러나 만일 하나님께서 너 잘한 것 상주고, 너 잘못한 것 벌주며 제대로 계산하자고 나오셨으면 나는 받을 상은 눈곱

만큼이고 치룰 대가는 골백번도 더 망하고 열두 번도 더 죽었어야 했다는 것을 인생 후반에야 깨닫기 시작하였습니다. 불쌍히 여기시는 하나님의 긍휼과 포기하지 않으시는 하나님의 은혜 때문에 내가 살고 있다는 이 사실을 담임 목회하면서 나이 한참 들어서야 실감하기 시작하였습니다.

시인의 고백은 억만 번을 되뇌어도 지겹지 않을 나의 고백이기도 합니다. "여호와는 자비로우시며 은혜로우시며 노하기를 더디시며 인자하심이 풍부하시도다. 항상 경책지 아니하시며 노를 영원히 품지 아니하시리로다. 우리의 죄를 따라 처치하지 아니하시며 우리의 죄악을 따라 갚지 아니하셨으니 이는 하늘이 땅에서 높음같이 그를 경외하는 자에게 그 인자하심이 크심이로다"(시 103:8–11).

하나님은 사랑입니다. 하나님의 사랑은 감정이 아니라, 의지입니다. 사랑스럽지 않지만 사랑하기로 작정하신 의지입니다. 사랑스러워져야 할 책임을 우리에게 요구하는 것이 아니라, 그럼에도 불구하고 사랑할 책임을 자신이 걸머지는 사랑입니다. 우리 신자들 모두는 하나님이 행하신 그 사랑의 결과물들입니다. 담임 목회를 하는 동안 교회에서 말썽을 부리는 사람들이 간간이 있었습니다. 교회에 해가 되고 목사님 목회에 짐이 된다면서 그런 교인을 미워하고 힘들어하는 직분자들이 있었습니다. 나는 그들에게 그 사람을 사랑해주라고, 그 사람도 사랑이 필요한 사람이라고 말하곤 했습니다. 그러면 흔히 되돌아오는 말은 이것이었습니다. "사랑도 자기에게서 나오고, 미움도 자기에게서 나오지요. 하는 짓을 보면 사랑은 고사하고 죽이고 싶은 마음이 솟아오르는데 어떻게 사랑을 한단 말이예요?" 그것은 세상이 말하는 사랑입니다. 세상이 말하는 사랑은 사랑하고 싶은 감정이 생겨야 하는 사랑입니다. 그리고 사랑받기 위해서는 본인이 사랑스러워져야 할 책임을 감당해야만 합니다. 그러나 기독교의 사랑은 그것이 아닙니다. 사랑을 감정에 의존하지 않습니다. 사랑은 감정이 아니라, 의지의 문제입니다. 사랑은 사랑스러워질 책임을 그 사람이 가지는 것이 아니라, 사랑할 책임을 내가 걸머지는 것입니다. 사도 바울께서 "너희 안에 이 마음을 품으라 곧 그리스도 예수의 마음"이라고 하실 때

그리스도의 예수의 마음이 바로 그것입니다. 우리가 품어야 할 그리스도 예수의 마음은 자기를 낮추거나 겸손해지고, 자기를 비하하는 그 정도의 것이 아닙니다. 사랑스럽지 않지만, 사랑하기로 작정하시고 하나님의 자리를 사양하고 인간이 되어서 십자가에 죽기로 한 그 마음입니다. 그러므로 사도 요한은 그리스도를 통하여 드러내신 하나님의 사랑을 그렇게 한마디로 요약한 것입니다. "사랑은 여기 있으니 우리가 하나님을 사랑한 것이 아니요 하나님이 우리를 사랑하사 우리 죄를 속하기 위하여 화목 제물로 그 아들을 보내셨음이라"(요일 4:10).

그러므로 기독교의 사랑은 내가 상대방의 마음을 움직이거나, 그 사람에게 사랑스럽게 보이게 함으로써 내가 벌어들인 획득물이 아닙니다. 그냥 주어진 선물이요 은혜입니다. 우리 신자들 모두는 하나님이 행하신 그 사랑의 결과물들입니다. "세상에 있는 자기의 사람들을 사랑하시되 끝까지 사랑하시"기로 하시고 그 사랑을 위해서 아버지는 아들을 죽이기까지 하시고, 아들 예수는 모든 권세를 받으셨음에도 천하의 무능력자처럼 취급받으며 그렇게 죽으신 것입니다. 나는 그 사랑의 열매입니다.

거룩하고 영광스러운 교회

교회는 거룩하고 영광스럽습니다. 한국교회에 대한 저주성 발언들을 교회 안팎에서 자주 듣게 됩니다. 심지어 교계의 지도자라 하는 어른들도 한국교회에 대한 비난과 저주성 발언을 쉽게 쏟아냅니다. 한국교회가 너무 안타까워서 그런다 합니다. 그러나 그들의 말을 가만히 들어보면 안타까워서 하는 말이 아닙니다. 자기의 분노를 삭이지 못하여 쏟아내는 비난이고, 그 비난이 극에 달하여 내뿜는 저주성 발언들입니다. 비난에는 감정이 작동합니다. 그리고 그 감정을 분노가 지배합니다. 분노의 감정에 차서 말을 쏟아내면 그것은 저주에 가까운 말이 됩니다. 우리는 비난이 아니라, 비평과 비판을 해야 합니다. 비판에는 이성이 작동합니다. 그리고 그 이성은 논리가 지배합니다.

그러나 우리는 교회에 대한 제3자적 비판이나 비평에서 한 걸음 더 나아가야 합니다. 교회에 애정을 가져야 합니다. 교회는 하나님이 세우시고 이끄시고 완성하시기 때문입니다. 나는 분노하여 막말을 쏟아내는 이들에게 종종 묻습니다. "그래서 하나님은 이제 조계종이나 원불교를 데리고 구원역사를 이루어가시겠다고 하십니까? 하나님은 여전히 이 교회 데리고 복음의 역사를 진행하시겠다는데 왜 당신이 그러십니까? 광야에서도 하나님은 이런 꼴이라도 이스라엘 백성 데리고 가나안 들어가고 그들 데리고 역사를 진행하시겠다고 하지 않으셨습니까?" 모세는 그 꼴사나운 백성들, "너희 죄로 말미암아 여호와께서 내게도 진노하사 나도 가나안에 들어가지 못하게 되었다"고 서운함을 토로한 그 백성들을 끝까지 편들고 마지막에 그들을 간곡하게 축복하는 말로(신명기 33장) 이 땅에서의 삶을 마쳤습니다. 그가 그렇게 할 수 있었던 것은 그의 고매한 인품 때문이 아닙니다. 그의 한없이 너그러운 성품 탓이 아니었습니다. 하나님과 그 백성들과의 관계에 집착하여 그들을 이해하였기 때문입니다. 이스라엘을 저주해달라는 발락의 요구에 복채 몇 푼에 마음이 끌려 그 길에 미련을 품은 발람에게 하나님이 내놓으신 답변은 분명했습니다. "너는 그들과 함께 가지도 말고 그 백성을 저주하지도 말라." 이유는 분명했습니다. "그들은 복을 받은 자들이니라"(민 22:12). 하나님이 복주시는 사람들이라는 것이 이유였습니다. 그러나 그들이 복받을 만한 짓을 한 경우는 거의 없었습니다. 그들은 발락이 아니어도, 저주를 받아야 마땅한 집단이었습니다. 그들이 복 받을 만한 자들이라는 말이 아니라, 어쨌튼 하나님이 복을 주시기로 한 사람들이라는 말입니다. 교회는 우리가 비난하고 저주해야 할 대상이 아니라, 끌어안고 울고 우리 자신을 바쳐야 하는 대상입니다.

우리가 망쳐놓은 현실 교회가 하나님이 마침내 이루어내시고야 말 그 교회는 아닙니다. 이렇게 망쳐놓은 것에 대하여 세상을 향하여 사과하고 자신을 질책하고 회개하며 갱신해야 합니다. 그러나 그러니까 하나님의 교회는 할 말이 없고, 부끄럽기만 하고, 아무것도 내놓을 것이 없는 것이 아닙니다. 사실 우리의 교회는 그 도덕성에 있어서, 교회에 대한 세상의 기대를 충족하는 데 있어서 철저하게 실패하였습니다. 이제는 극도로 무시당하고 모욕당하는 처지에 이르렀습니다. 그러나 지금이야말로, 하나님의 교회가 얼마나 거룩하고 얼마나 영광스러운가를 어느 때보다 많이 그리고 강하게 말해야 합니다. 뻔뻔스럽자는 것이 아닙니다. 그렇지 않으면 우리가 보여준 이 모습이 진짜 교회인 줄로 세상은 오해를 할 것이기 때문입니다. 우리가 아무리 현실 교회를 왜곡하고 망쳐놓을지라도 교회의 주인이신 우리 주님과 하나님께서 원하시고 마침내 이루시고야 말 교회는 이런 교회가 아니기 때문입니다.

나는 대형교회주의자가 아닙니다. 대형교회는 교회는 클수록 좋다는 주의입니다. 그렇다고 소형교회주의자도 아닙니다. 교회는 작을수록 아름답다는 주장입니다. 굳이 말하자면, 나는 교회주의자입니다. 교회는 교회다워야 한다는 주장입니다. 그런데 교회는 유기체입니다. 모든 살아있는 것은 여건이 정상이면 반드시 자라갑니다. 모든 죽은 것만 자라지 않습니다. 개혁주의는 숫자에 연연하지 않는다는 명분을 내세워 게으르거나 무책임하거나 치열하지 않은 자신의 목회를 정당화하는 것은 비겁합니다.

한 영혼이 그렇게 중요하기 때문에 숫자에 연연하지 않는
것이라면 그 말 자체가 이미 모순입니다. 그렇게 중요한
한 영혼 어디 또 없을까, 온 힘을 다하여 찾아 나설 것이
기 때문입니다. 그 한 영혼이 말씀을 제대로 알아듣고 그
대로 살게 하려는 열정으로 무엇이든 할 것이기 때문입니
다. 사도 바울은 자기가 얻은 구원이 얼마나 귀한 것인가
를 확인한 후에, 자신의 골육 친척이 구원을 얻을 수만 있
다면 차라리 자신이 그리스도에게서 끊어져도 좋다고 자
신의 간절함을 털어놓았습니다(롬 9:1-3).

살아 온 동안의 고마움

나는 젊어서나 지금이나 아내의 덕을 보고 삽니다. 아내
는 물질 문제에 대하여 호탕한 것은 늘 나보다 한 발짝 먼
저 나가고, 나보다 한 치수 더 크게 처신해왔습니다. 없
이 사는 것이 한 번도 부끄러웠던 적이 없고, 남을 도와주
거나 베푸는 일이 우리의 경제 형편에 의하여 제약을 받
은 적이 한 번도 없었습니다. 그런 일을 위하여 빚을 걸머

지는 것을 아내는 당연한 일로 여겼습니다. 혹시 그동안 나에게 이런저런 도움을 받았던 적이 있는 분이 여기저기 있으면 내 아내의 큰마음과 큰 손 덕분이었음을 이제야 밝힙니다. 나는 아내의 기도 덕분에 살아왔다는 것을 나이 들어서 깨닫게 되었습니다. 아내의 기도가 어떻게 응답되는가를 아주 자주 생생하게 보았기 때문입니다. 나이 들어갈수록 아내가 고맙다는 생각을 하게 됩니다. 어느 때는 자다가도 아내의 손을 한번 잡아보곤 합니다. 공직에서 물러나면 아내와 함께 알콩달콩 정말 행복하게 살다가 주님 만나려고 오래전부터 작심하고 있습니다. 그렇게 하려고 약간의 자금도 따로 챙겨놓았습니다. 나는 아내가 늘 고맙습니다.

우리 부모님은 8남매를 낳아서 기르셨습니다. 우리 8남매는 부모님 돌아가신지 25년이 되는 지금도 모두 그 어른들같이 신앙 좋은 부모님을 만난 것을 고마워합니다. 한 사람도 예외가 없습니다. 우리 부부도 늘 소원을 품습니다. 우리가 우리 부모를 이렇게 기억하며 고마워하듯이, 우리가 죽고 없어진 후에도 우리 자녀들이 우리를 그렇게 기억하는 부모가 되고 싶은 소원입니다. 나는 지금도 돌아가신 우리 아버지와 엄마가 늘 감사합니다.

내가 부모 되어 자식 키워보니 신앙 좋은 부모 만나서 자라는 것만이 복이 아니라, 신앙으로 사는 자녀를 키우는 부모의 복이 얼마나 귀한가를 깨닫게 되었습니다. 아빠 설교 듣는 것을 그렇게 좋아하고, 아빠가 하는 일이면 귀하고 가치 있는 일이라고 믿어주고 함께 해주고, 늘 편들어 주는 낳아서 키운 자녀 셋과 들어온 자녀인 사위와 며느리를 거느리고 사는 것이 나에게는 큰 복입니다. 이 아이들은 늘 하나님 최우선으로, 그리고 교회 중심으로 살려고 애를 씁니다. 내가 지난 십수 년간 매 학기 마다 어려운 몇 학생들을 몇 푼이나마 장학금으로 응원한 자금의 상당 부분은 우리 자녀들이 아르바이트를 하건 직장에서 월급을 받건 학교에서 장학금을 받건 그 중에 얼마씩을 떼어서 10년도 더 된 우리 부부의 "장학금 계좌"로 보내준 것이었습니다.

나는 1999년에 설교자하우스를 설립한 이래 각별한 열정과 헌신을 그 일에 쏟아왔습니다. 22년 세월을 지내오는 동안 일관되게 함께 해온 하우스맨들과 힘이 되어준 여러 후원자들은 평생 잊을 수 없는 감사의 제목들입니다. 기적 같이 만난 ㈜ILS 컴퍼니 대표이사 정채훈 장로님의 적극적인 지원으로 최고의 시설을 갖춘 설교자하우스 센터를 마련한 것은 본격적인 설교자 양성과 설교 운동에 매진할 수 있게 된 획기적인 도약의 발판이 되었습니다. 총장 임기 동안 지치는 줄 모르고 좌충우돌하며 나댈 수 있었던 것은 섭리적으로 만난 최진석 원장님 덕분이었습니다. 그는 나의 건강과 체력을 철저하고 완벽하게 관리해 주었습니다. 홍동필 목사나 조봉희 목사 그리고 박영선 목사님 등은 인생길에서 잊을 수 없는 동반자였습니다. 11년 동안의 담임목회를 마감하고 교수 사역에만 전념하자, 남포교회가 저를 협동목사로 불러주었습니다. 지금까지 지난 15년 동안 과분한 신뢰와 사랑을 받으며 이렇게 건강하고 멋있는 교회에 속하여 함께 살아온 것은 제가 누린 커다란 복이었습니다. 합신에서 다지고 길러온 저의 학문으로서 설교학과 설교 실천에 대한 열정의 대를 이어 주시는 이승진 교수와 권 호 교수도 두고두고 기억할 고

마운 후배 학자입니다. 그 밖에도 시시때때로 나의 힘이 되고, 의지가 되고, 때로는 동지가 되고, 때로는 함께 한 숨이 되고 눈물이 되어주었던 많은 분들이 있습니다. 나를 총장으로 신뢰하고 내가 내놓는 정책이나 방침들을 깊은 신뢰와 헌신으로 함께 책임을 걸머져준 동료 교수들과, 힘을 다하여 따르고 협력해준 부서장들을 비롯한 직원들도 잊지 못할 것입니다. 언제나 나로 하여금 어떻게 하면 이분들을 더 기분 좋게 할까를 고민하게 할 만큼 고마움이 우러나오는 사람들 이었습니다. 바울이 로마서 끝에 이르러 기억나는 여러 사람들의 목록을 하나하나 써내려가며 진심어린 감사와 안부를 전하듯, 나도 이제 그간 가슴에 새겨진 잊을 수 없는 이들의 얼굴을 떠올리며 감사와 안부를 전합니다.

내가 한 개인으로서 살아오는 인생 여정에서, 혹은 목회 현장에서, 그리고 학교에서, 혹은 이런저런 관계로 나를 만나거나 스쳐 간 이들 가운데 나로 말미암아 크고 작은 상처나 실망을 겪은 기억을 갖고 있는 이들에게는 공적으로 깊은 사과를 드립니다. 자신은 없지만 남은 인생은 그

렇게 살지 않으려고 애써보겠
습니다. 잊혀지는 자리로 나가
는 사람이니 부디 용서를 바랍
니다.

잊혀지는 자의 기억

이렇게 중요한 한 영혼 어디 또 없을까,
온 힘을 다하여 찾아 나설 것입니다.
그 한 영혼이 말씀을 제대로 알아듣고
그대로 살게 하려는 열정으로 무엇이든 할 것입니다.

나의 힘이 되신 여호와여
내가 주를 사랑하나이다

I love you, O LORD, my strength.
(시 18:1, 개역)

3
신학에 대한
기억

■

나는 신학자로, 현
장의 목회자로, 그리고 신학 교육자로 살아왔습니다. 나
는 신학도로서 두 가지 질문 앞에 늘 나를 세우는 마음으
로 나를 점검하며 지내왔습니다. 첫째 질문은, 신학은 목
적인가, 수단인가 하는 질문입니다. 둘째는 우리가 신학
을 한다는 것은 구체적으로 무엇을 하는 것인가 하는 질
문입니다. 이 두 질문이 신학자로 그리고 현장의 목회자
로 저를 지탱해온 기둥이고 회초리였다고 할 수 있습니
다. 그리고 담임목회를 사임하고 신학교 교수에 전념한
이래 지금까지 저를 사로잡고 늘 양심의 가책으로 몰아넣
은 질문은 그것입니다. 신학교육은 무엇을 교육하는 것인
가? 나에게 신학교육을 받는 사람들에게서 내가 이루어
내고자 하는 것은 무엇인가?

신학은 목적인가, 수단인가?

신학은 그 자체가 목적이 아닙니다. 신학은 교회를 위한 수단입니다. 사변적 방법을 필수로 한다는 점에서 신학은 인문학입니다. 그러나 교회를 위한 수단으로 작동해야 한다는 점에서는 실증적 방법을 통하여 수행되는 사회과학이기도 합니다. 이렇게 보면 신학은 순수한 인문학도 아니고, 순수한 사회과학도 아니고, 인문학과 사회과학의 중간쯤에 있어야 하는 학문이라고 생각합니다. 더 정확하게 말하면 신학은 인문학과 사회과학의 통합으로 이해되고 수행되어야 합니다. 신학은 학문으로서 발전과 성취 그 자체가 목적인가, 아니면 다른 목적 성취에 기여해야 하는 수단인가에 대한 이해가 신학하는 방법에 결정적인 차이를 만들어내게 됩니다.

개혁신학은 그 신학으로 세워지는 교회 현장과 일체성을 저버리지 않아야 합니다. 우리는 개혁신학 해설가가 아니라, 개혁신학을 발판으로 한 개혁신앙가들이 되어야 합니다. 내가 이런 생각을 품고 지금껏 살게 된 것은 두 가지

계기가 결정적인 역할을 하였습니다. 첫째는 유학중 만난 나의 선생님이었습니다. 우린 늘 일대일로 마주 보고 앉아서 공부를 하였습니다. 선생님은 내게 자주 말씀하셨습니다. 우리가 개혁주의자라는 것은 두 가지 방면으로 입증되어야 한다는 것이었습니다. 첫째는 우리는 무엇을 가지고 있는가, 곧 어떤 전통에 서 있는가이고, 둘째는 우리는 지금 무엇을 하는가, 곧 어떻게 살고 있는가로 입증되어야 한다는 것이었습니다.

개혁신학과 개혁신앙의 괴리 문제로 고민하게 된 둘째 계기는 일부의 개혁신학도들이 보여준 행태였습니다. 많은 이들은 개혁신학을 앞세워 무례를 일삼고, 다른 사람을 무시하거나 심지어 정죄하고, 개혁신학을 명분으로 내세워 배타적이고 독선적일 뿐 아니라, 오만한 자신의 태도를 신학의 엄밀함이나 높은 신학 수준의 증거처럼 여기는 경향도 있습니다. 그런 현상을 보면서 많은 사람들은 그 사람을 비방하는 것이 아니라, 개혁신학을 비방하는 것을 종종 목격하였습니다. 그러한 경험은 나에게 아픔이 되었고, 때로는 가슴이 터질 듯한 답답함에 갇히게 하였습니다. 이렇게 위대하고 감동적이고 성경적인 개혁신학에 누를 끼치고 있다는 생각이 들었습니다. 이러한 아픔은 나에게 지속적인 질문을 품게 만들었습니다. "신학을 한다는 것은 구체적으로 무엇을 하는 것인가?" 그리고 나름대로 그 답을 찾느라 고민하게 만들었습니다. 이 질문은 그렇게 내 평생의 문제가 되었습니다.

신학을 한다는 것은
구체적으로 무엇을 하는 것인가?

우리는 가장 뛰어나고 가장 위대하고 가장 정통적이고 가장 성경적인 개혁파 신학을 전통으로 물려받고 그 위에 서 있습니다. 그러나 이 시점에서 우리는 신학함이란 무엇인가? 신학교육이란 무엇을 가리키는 것인가에 대한 진지한 재논의와 반성이 필요합니다. 신학을 한다는 것이 단순히 탁월한 신학적 지식을 습득하고 그것을 재진술 하는 것에 그쳐서는 안됩니다. 그 일을 더 잘하는 사람은 그만 못한 사람보다 신학을 잘한 사람이고, 그러므로 그는 언제나 신학에서 우월한 사람이고 다른 사람을 판단하거나 심지어 정죄할 권한을 갖는 것처럼 되는 위험을 직시해야 합니다. 우리가 물려받고 습득한 개혁파 신학은 온갖 상황에 직면하며 시시각각 격동하는 이곳의 이 교회에 대하여 무엇이라고 말하는가를 생각하는 신학적 사고력을 발동시켜야 합니다. 그리하여 이 현장을 해석하고 이 현장이 제기하는 문제에 대하여 답하여야 합니다. 그리고 삶의 현장과 관련지어 펼쳐가는 신학적 사고는 우리가 오늘 여기에서 무엇을 해야 되는가라는 구체적인 실천으로 이어져야합니다. 1) 신학적 지식의 습득과 재진술 2) 현장에 적용력있는 신학적 사고력의 발동 3) 신학적 사고에 의한 결론의 실천. 이 세 행동을 통합하는 것이 우리의 진정한『신학함』의 내용이어야 합니다. 이것을 한마디로 요약하면, 우리의 개혁신학은 현장에서 작동하는 신학이어야 한다는 말이기도 합니다. 그리고 이것을 이루어내는 신학교육을 위하여 신학교와 신학자들은 교육원리와 방법과 자세에 획기적인 변화를 이루어내어야 합니다. 현장에서 작동하는 다른 신학을 만들어내려는 작금의 모든 노력들은 잘못된 것입니다. 그러나 우리의 위대한 개혁파

신학이 현장에서 작동하는 신학이 되게 하는 것은 우리
모두의 책임입니다.

신학의 변질과 발전

신학의 변질과 신학의 발전 사이에서 우리는 늘 고민해야
합니다. 우리가 물려받은 정통신학을 변질시키지 않아야
합니다. 그러나 변질을 두려워하여 상자 안에 가두어 그
대로 보존하고 자랑스럽게 들여다보고만 있어서도 안됩
니다. 역사의 진행과 상황의 변천에 우리의 개혁주의 정
통신학은 무어라 답하며 어떻게 반응해야 하는가를 늘 고
민해야 합니다. 신학은 그렇게 발전을 이루어가야 합니
다. 변질이 두려워 발전을 막는 것도, 발전을 앞세워 변
질을 범하는 것도 조심해야 합니다. 이 둘을 구별하는 것
은 때로 매우 애매하고 혼란스럽기도 합니다. 그러나 그
혼란을 뚫고, 때로 시행착오를 각오하며 우리가 물려받은
정통신학으로 우리에게 닥쳐온 현실을 살아내야 하는 것
은 우리의 운명입니다. 외우고 해설한 신학 속으로 교회

를 우겨 넣으려 하지 말고, 신학을 이곳 사람들 속으로, 그리고 여기 교회 속으로 가져와 이곳의 만나로 펼쳐내려는 고뇌를 걸머져야 합니다.

우리의 신학은 현장에서 작동하는 것이어야 합니다. 신학은 그 자체로 목적이 아니라, 교회를 위한 수단이기 때문입니다. 개혁신학의 보존은 아무런 장애 요소와도 접촉하지 않는 무균실에서가 아니고, 온갖 세균이 판치는 현장에서 살아남는 것으로 이루어져야 합니다. 이 현실에서 취하는 우리의 처신이 우리의 신학에 맞는가를 묻기보다는, 우리의 신학이 이러한 현실에서는 어떻게 작동하여 우리의 처신을 이끌어 갈 수 있겠는가를 묻는 물음으로 신학함의 태도를 바꾸어야 합니다. 우리는 정답을 찾는 사람들이 아니라, 지금 여기서 하루하루 펼쳐지는 삶을 성경을 따라 살아내야 하는 사람들입니다.

하나님께서 역사의 방향을 바꾸고 사회와 교회의 판을 완전히 새롭게 짜시려고 작정하시고 역사 현장에 개입해 들어오신 것이 분명해지는 뉴–노멀(new-normal) 시대에 신학함의 방법을 새 판에 맞게 쇄신하지 않으면 앞으로 신학은 그 역할이 없어질 수도 있습니다. 신학교육이 목적과 방법을 쇄신하지 않으면 앞으로 신학교는 교회 현장에서 차지할 영역이 없어질 수도 있습니다. 수많은 미래학자, 경영학자, 사회학자, 역사학자들이 이구동성으로 하는 말은 코로나바이러스 사태를 계기로 문명사적 변화가 온다는 것입니다. 어떤 학자는 앞으로의 인간을 놓고 신인류라고 지칭하기도 합니다. 기업과 산업과 상업의 각 분야에서 뉴-노멀 시대에 펼쳐질 새로운 판에 대응하기 위한 다양한 전략들이 이미 쏟아져 나오고 있습니다. 신학과 목회만 과거집착과 미련에 사로잡히거나 아무 생각 없이 묵묵부답과 부동자세로 어떻게 되겠지 하는 태도를 보인다면 그것은 면책될 수 없는 무책임이 될 것입니다.

결국 우리의 신학은 제한된 신학지식을 계속하여 풀어내는 소비신학이 아니라 지금 여기 현장에서 무엇인가를 이루어내는 생산신학이어야 합니다. 재진술신학이 아니라 현장 적용신학이어야 합니다. 정죄신학이 아니라 대안신학이어야 합니다. 벌어진 문제를 뒤처리하는 수습신학이 아니라, 역사를 내다보고 이끌어가는 선도신학이어야 합니다. 단답형 혹은 정답집 교과서 신학이 아니라, 고뇌하며 길을 찾아가는 고민신학이어야 합니다.

교회에 대한 애정

그렇게 신학을 하다 보면, 우리가 현장에서 직면하는 다양한 문제들에 경중이 있고 선후가 있다는 사실을 확인하게 됩니다. 개혁신학을 벗어났다는 사실만으로 모든 문제가 동일한 문제가 아니라는 확인입니다. 이것은 신학지식을 바로 가졌는가의 문제가 아니라, 근본적으로는 교회에 대한 애정에서 오는 것이란 사실을 나는 확인하였습니다. 신학자는 무엇보다도 교회에 대한 애정을 가져야 합니다. 이 나이 되도록 신학자로, 목회자로 살아오면서 신학자들이 두 종류의 신학자로 구별되어 인식되었습니다. 자신의 신학을 사랑하는 신학자와 교회를 사랑하는 신학자입니다. 학문으로서 자기의 신학을 사랑하는 신학자는 현실교회와 목회자들이 범한 실수나 그들이 경험하고 있는 문제들을 공유하거나 공감하지 않습니다. 그의 태도나 어법이나 논리에서 언제나 자신의 신학적 지식과 수준을 내세우고, 교회나 목회자들을 언제나 한 수 아래 사람에게 훈수를 두듯 대하고, 문제를 지적하고 비판하고 심해지면 비난하고 정죄하는 것으로 끝나곤 합니다. 그의 말은 언제나 누군가를 바로 잡아주려는 훈장의 말투가 자신도 모르는 사이에 배어나옵니다. 그는 때로 안타까운 듯이 말은 하지만, 그러나 발은 언제나 현장에서 한 발 빼고 현실 교회의 문제에 대하여 제3자처럼 처신합니다. 그러나 교회를 사랑하는 신학자는 현실 교회가 범하는 실수나 시행착오 등을 자기의 문제처럼 대하고, 아픔을 공감합니다. 그리고 어떻게든 대안을 내보려고 애를 씁니다. 한 사람은 교회의 아웃사이더이고, 다른 사람은 교회의 인사이더입니다. 목회자도 두 종류의 목회자로 구별이 됩니다. 자신의 목회철학과 목회 비전을 사랑하는 목회자와, 교인들을 사랑하는 목회자입니다. 자신의 목회철학과 비전을 사랑하는 목회자는 교인들을 자신의 철학과 비전을 성취하기 위한 수단으로 동원하는 경향이 있습니다. 그 어간에 교인들은 점점 일중독자가 되어 갑니다. 목회자는 자기의 목회 비전을 성취하기 위하여 있지 않고 그 교회에서 하나님이 맡겨주신 하나님의 사람들을 책임지기 위하여 있다는 엄연한 사실을 부흥이라는 명분으로, 교회가 큰 일을 감당해야 한다는 구실로 망각하곤 하는 것은 안타까운 일입니다.

잊혀지는 자의 기억

우리의 신학은 현장에서 작동하는 것이어야 합니다.
신학은 교회를 위한 수단이기 때문입니다.

너희는 우리의 영광이요 기쁨이니라

·

Yes, you are our glory and joy!

(살전 2:20, 개역)

4

신학교육에 대한
기억

신학교육이란 무엇을 두고 하는 말인가? 신학교육이란 무엇을, 무슨 목적으로, 어떻게 하는 것인가에 대한 재논의가 치밀하게 이루어져야 합니다. 그리고 신학교육의 현장이 이에 따라 자기 갱신과 혁신을 신속히 이루어가야 합니다. 그렇지 않으면 신학교육은 지속적으로 현장으로부터 거부당하거나 무시당하고 결국 그 영역을 확보할 수 없게 될 것 같다는 우려가 강박관념처럼 나에게는 있습니다. 더욱이 뉴-노멀 시대에 신학교육은 어떠해야 하는가에 대한 성찰과 논의가 신학교육기관과 교육자들 스스로에게서 진지하게 이루어져야만 합니다. 이미 반복한 바와 같이 나의 분명한 신념은 신학은 현장에서 작동하는 것이어야 합니다. 우리의 개혁신학이 현장에서 작동하지 않으면 현장은 현

잊혀지는 자의 기억

장에서 작동하는 새로운 신학을 만들어내게 됩니다. 그리고 우리를 향해서는 현장에 와 보니 신학이 필요없다 하고, 목회를 잘 하려면 신학을 버려야 된다고 항변하면서 우리의 신학을 거부합니다.

좋은 목회자, 좋은 신학자

좋은 사람이 좋은 목회자가 됩니다. 사람됨과 상관없이 신학이 좋으면 좋은 목회자가 되는 것이 아닙니다. 신학을 빙자하여, 목회를 빙자하여, 상식 수준의 교양인이기도 내던질 수 있다면 그는 목회자가 되어서는 안됩니다. 그는 신학자가 되어서도 안됩니다. 그런 사람은 본인이 원하건 않건 상관없이, 목회를 빙자하고 신학을 빙자하여 사람을 살리는 일이 아니라, 사람을 잡는 일에 나서게 됩니다. 목회는 사람과 함께 하는 것입니다. 목회는 사람을 책임지는 일입니다. 목회자가 되는 것을 사명이요 목적으로 알고 신학교에 온 사람이 목회자로 사는 것과 목회를 하는 것을 염두에 두지 않은 채 무엇인가를 아무리 열심히 한다 해도, 무엇인가를 아무리 뛰어나게 안다 해도, 그렇게 삼 년 세월을 보내는 것은 잘못입니다. 몰라서 그런다면 바보이고, 일부러 그렇게 한다면 반역입니다. 목회자를 기르기 위하여 있는 신학교에서 학생들은 평생 목회자로 살아야 할 사람들이라는 배려와, 이들이 책임져야 할 목회 현장을 염두에 두지 않고 학생들을 가르친다면, 그것은 잘못입니다. 아무리 그 내용이 학문적으로 심오하고 논리적으로 탁월하다 할지라도 결국 그것은 쓸모없습니다. 몰라서 그런다면 무책임이고, 일부러 그런다면 반역입니다. 신학이 현장을 망치고 있는 것이 아니라, 신학교육이 망치고 있다는 사실을 알아야 합니다. 우리의 잘못된 신학교육 때문에 이렇게나 훌륭한 우리의 신학이 현장에서 거부당하고 있다는 것을 알아야 합니다. 신학이 현장에서 성과를 거두지 못하고, 오히려 거부당하고 있는 책임을 저들이 배운 대로 하지 않아서 그렇다고 비겁한 변명으로 연명하려 해서는 안됩니다. 평생 그 짓하며 살아놓고 떠나는 마당이라고 남의 말 하듯이 함부로 말하는 것 같아서 한편으로 죄송한 마음입니다. 사실은 이것이 평생 가르치는 자로서 나의 괴로움이었습니다.

좋은 선생

모든 내용을 정리해주고, 모든 문제를 답해주는 선생이 아니라, 스스로 생각하게 하는 선생이 좋은 선생입니다. 모든 것을 답해주는 것은 선생이 아니라, 구글이나 네이버가 하는 일입니다. "지식의 시대는 가고 생각의 시대가 오고 있다"는 말을 새겨들어야 합니다. 거의 모든 지식은 이제 학자의 기억 속이 아니라, 온라인 네트워크에 있다는 통찰을 비웃거나 거부하지 말고 시대의 변화를 알아차려야 합니다. 지금은 지식의 암송과 소유로 독자적인 위치를 확보하고 독보적인 위치를 점령하는 시대가 아닙니다. 우리가 직면하는 시대에서 한 사람의 학자를 독보적이게 하는 것은 그가 가진 정보의 양인 지식이 아니라, 그 지식의 활용 능력입니다. 사고력과 창의력입니다. 우리는 이제 지식의 시대가 아니라 생각의 시대를 살아야 하고, 암기와 재진술의 시대가 아니라, 고뇌와 적용으로 이어지는 창의력의 시대를 살아야 합니다. 보란 듯 쏟아내는 많은 인용보다 그것들에 근거하여 고뇌하고 고통한 결과로 얻어낸 한 마디 자기의 말을 해야 합니다.

신학의 내용을 잘 이해시키고 그것을 줄줄 암송하게 하고 각종의 시험을 통하여 그것을 정확하게 재진술 할 수 있는가를 확인하는 것이 전부인 신학교육은 멈추어야 합니다. 신학을 학습하고 이해하고 받아들였으면 현실과 잇대어 신학적 사고를 할 수 있어야 하고, 신학적 사고를 하여 나름의 결론을 얻었으면 그대로 실천하는 데로 나아가야 합니다. 목회 현장에서는 신학이 필요 없고, 목회를 잘하려면 신학을 버려야 한다는 말을 현장 이곳저곳에서 불쑥불쑥 들어온 것이 신학교 선생 시작한 이래 거의 평생인데, 아무런 해결책도 내놓지 못한 채 여전히 그 소리 들으며 선생 끝장에 서는 것이 미안하고 괴롭기만 합니다. '우리의 신학이 현장에서 거부당하고 있다는 엄연한 사실을 왜 굳이 모르는 체 하려고 드는가? 왜 이쪽에서 해결하려 하지 않고, 그쪽을 한심해하며 책임을 전가하려고 하는가?' 이것이 늘 나를 괴롭힌 가책입니다. '신학의 실패가 아니라, 신학교육의 실패이다. 신학을 버려야 하는 것이 아니라, 이런 신학교육을 버려야 한다. 신학자들은 근신하며, 책임을 느끼고, 회개한 후에, 가르치는 내용도 태도도 목적도 혁신적으로 개혁하는 일에 나서야 한다.' 이것이 늘 나 자신에게 중얼거리는 나의 괴로운 독백입니다. 하나님이 새판짜기를 하시는 뉴 노멀 시대에 우리 신학도들에게 요구하시는 새판 가운데 하나는 이제는 신학하는 방법은 물론 신학교육을 혁신하라는 것입니다. 그렇지 않으면 New-Normal 시대에는 탈락입니다.

지식의 시대는 가고 생각의 시대가 오고 있다

너희는 먼저 그의 나라와 그의 의를 구하라
그리하면 이 모든 것을 너희에게 더하시리라

But strive first for the kingdom of God and
his righteousness, and all these things will be given to
you as well.

(마 6:33, 개역)

5

신학과
목회 현장에
대한 기억

신학자든 목회자든 한 지도자에게 신학과 삶은 겸비되고, 통합되어야 합니다. 그것은 가능하다는 실례를 사도 바울에게서도 종교개혁자들에게서도 볼 수 있습니다. 그들에게 그것은 서로 다른 두 분야가 아니라, 지극히 당연한 하나의 문제였습니다. 우리 시대에도 그런 지도자들을 심심찮게 볼 수 있습니다. 학문과 삶의 통합은 개인의 인격과 신앙 차원에서는 물론, 신학과 목회 현장 사이에서도 동일하게 이루어져야 합니다.

신학이 현장에 대하여 걸핏하면 갖는 엉뚱하고도 병적인 우월감에 빠지지 않아야 합니다. 신학은 현장에서 직면한 문제와 성경이 연합하여 만들어낸 결과물입니다. 신학자가 현장의 목회자보다 우월하고 신학자는 언제나 선생이고 목회자는 언제나 학생이라는 의식을 무의식중에라도 갖게 되지 않도록 신학자들도 목회자들도 늘 의식이 깨어 있어야 합니다. 신학자들의 병적인 우월감, 목회자들의 병적인 열등감은 큰 비극입니다. 누가 그런 신학자가 있는지 이름을 대보라고요? 그런 사람 없다고요? 나는 그런 사람이라고 말하는 사람은 없습니다. 그러나 그의 사고방식과 어투와 거동과 처신과 현장의 문제를 대하는 태도가 나는 그런 사람이라고 아우성인 사람은 무수히 많습니다.

신학은 목회 현장을 정죄하고 목회 현장은 신학을 배격하는 경향이 강한 한국교회의 상황에 대하여 이 둘을 통합하는 대안을 제시하여야 합니다. 신학은 자기가 하고 싶은 말을 독백처럼 하지 말고, 현장과 마주 앉아 말을 주고받아야 합니다. 현장이 제기하는 문제에 함께 답을 찾아가야 합니다. 우리의 신학이 앵무새 신학이어서는 안됩니다. 500년 전 문서 한 웅큼 들고 나와서 현장의 모든 문제에 정답을 주고 교통정리를 하려 하지 말고, 먼저 현장의 문제와 아픔을 공유하고 공감하려고 해야 합니다. 그리고 우리의 신학에 함께 물어야 합니다. 동시에, 현장은 자기가 가고 싶은 길을 가지 말고, 신학에 근거한 길을 가야 합니다. 실용성이라는 명분으로 무엇이든지 하려 말고, 가다 죽더라도 옳은 길을 가려는 결기를 갖추어야 합니다. 그리고 그것을 명예로 여기는 가치관을 가져야 합니다. 그러므로 신학과 목회 현장은 늘 같이 있어야 하고, 같이 고민해야 하고, 같이 가야 합니다. 같이 울고 같이 웃어야 합니다. 두 영역을 분리하여 놓고 서로의 관계를 우열이나, 주종이나, 혹은 대등 등의 다리로 연결해보려는 시도에서 탈피하여야 합니다. 그것은 존재론적 접근입니다. 대신, 나는 너에게 무슨 의미가 있고, 너는 나에게 무슨 의미가 있는가를 묻는 방식이어야 합니다. 이것은 해석학적 접근입니다.

사실 우리가 신학을 한다는 것은 그렇게 확실하고 명료한 우리의 신학과, 그것이 통하지 않는 현실 사이에 들어서는 것입니다. 그 중간에 서서 고뇌하고 방황하며 현장을 뚫는 신학의 답 한 가닥씩을 찾아가는 과정이기도 합니다. 아마도 하박국 선지자가 그 대표적인 사례 가운데 하나일 것입니다. 하박국 선지자가 고뇌하는 핵심 문제는 그렇게 확실한 자신의 신학과 신앙이 매일의 삶의 현장에서 전혀 통하지 않고, 먹히지 않고 있다는 사실이었습니다. 불의가 판치는 현실에서 공의의 하나님이라는 하박국의 신론은 먹히지 않고 있습니다. 현실에 대한 하나님의 무관심이 하박국의 신학적 확신을 무색하게 합니다. 하나님은 기도에 응답하시는 분이라는 하박국의 확신에 찬 신앙은 자신의 부르짖음에 대한 하나님의 무응답이라는 현실에 의하여 무참히 부인당하고 있습니다. 신학과 현실 사이의 괴리, 신앙으로 고백하는 하나님과 일상의 현장에서 확인하는 하나님 사이의 불일치입니다. 그래서 그는 괴로워하고, 번뇌하고, 황당해 합니다. 그리고 하나님께 따져 묻습니다. "왜 이러시는 겁니까?" "어느 때까지 이러실 겁니까?" 하박국만의 이야기가 아닙니다. 바로 우리, 오늘을 살아가는 신앙인 모두의 문제입니다. 사실 우리가 신학을 하고 신앙생활을 한다는 것은 이 괴리의 한 가운데 서서 탄식하고 묻고 고뇌하고 방황하면서 현상의 문제를 신학에 물어 신학이 현장을 포용하고, 현장이 답을 찾

아가며 신학적 안목의 영역을 넓히
면서 삶의 현장에서 하나님의 길을
더듬어 찾아가는 과정을 말하는 것
이기도 합니다. 신학을 한다는 것
은 단순히 정보나 데이터로 채워진
지식의 양을 늘려가는 지적 행위 이
상이어야 합니다.

우리가 신학을 한다는 것은 그렇게 확실하고 명료한 우리의 신학과,
그것이 통하지 않는 현실 사이로 들어서는 것입니다.
그 틈새에서 고뇌하고 아파하며 길을 찾아 나가는 과정입니다.

이를 위하여
나도 내 속에서 능력으로 역사하시는 이의
역사를 따라 힘을 다하여 수고하노라

·

For this I toil and struggle with all the energy that
he powerfully inspires within me

(골 1:29, 개역)

6

설교와
설교학에
대한 기억

■

나는 신학생 시절부
터 이날까지 설교를 잘하는 목사가 되는 것이 소원이었습
니다. 그리고 지금까지 설교를 가르치는 사람으로 살아왔
습니다. 이 자리를 떠난 후에도 설교를 잘하고 싶은 소원
과, 설교를 잘하는 설교자를 강단에서 보고 싶은 소원은
여전할 것입니다.

한국교회는 이제 설교의 시대가 열리고 있습니다. 교회가
부흥기를 지나 쇠퇴기에 이르면 성도들은 거의 본능적으
로 그리고 집단적으로 하나님의 말씀을 듣고 싶은 욕구를
발산하게 됩니다. 한국교회는 이미 이 상황에 들어섰습니
다. 더욱이 코로나 바이러스 사태가 닥치면서 교회 안에
만든 새로운 판짜기의 하나는 하나님의 말씀을 말하는 일

에 모든 것을 걸어야 한다는 요구입니다. 교회 안의 자유로운 모임은 이제 불가능하게 되었습니다. 교회의 모든 프로그램이나 모임은 무력화 되어버렸습니다. 이런 상황에서 생명의 위협을 느끼면서도 마스크를 쓰고 주일 강단 아래로 성도들이 모이고 있습니다. 평소에 드린 예배와는 생소하고 어색하기만 한데도 주일 그 시간이면 가족이 모니터 주위에 둘러앉아 온라인 예배를 드리고 있습니다. 이유는 한 가지입니다. 하나님의 말씀을 듣고 싶은 것입니다. 각양의 필요를 충족시켜주는 기능적 프로그램이나 실용적 행사 대신 "항상 있고 살아있는 하나님의 말씀"을 내놓으라는 요구입니다. 이 요구에 부응하지 않는 설교자는 성도들에게 거부당하게 될 것입니다.

설교자

설교에서 가장 중요한 것은 설교자입니다. 본문은 설교자의 해석을 통하여서만 드러날 수 있습니다. 청중은 설교자가 강단에 서서 입을 열 때만 말씀을 들을 수 있습니다.

성령은 설교가 가능하게 하고, 설교를 효과 있게 하는 설교의 보이지 않는 결정적인 주체이지만, 성령은 설교자를 통하여 역사합니다. 그런 점에서 설교에서 가장 중요한 역할을 감당하는 것은 설교자입니다. 그러므로 어떤 설교를 할 것인가 이전에, 어떤 설교자가 될 것인가가 중요한 문제입니다. 설교자는 회중으로부터 나와서 말씀 속으로 들어가는 자요, 말씀으로부터 나와서 회중을 향하여 서는 자요, 회중과 함께 말씀을 듣고, 회중과 함께 세상 속으로 나아가는 자입니다.

설교자는 목회자입니다. 장소가 어디든지, 규모가 얼마든지, 하나님이 맡겨주시는 사람이 있어서 그 사람을 책임지는 일을 목회라 합니다. 내가 목회자가 된다는 것은 장소가 어디든지, 규모가 얼마든지, 하나님이 내게 맡겨주시는 사람이 있어서 그 사람을 책임지는 일에 모든 것을 걸고 사는 사람이 된다는 말입니다. 목회자가 사람을 책임지는 가장 중요한 방편이 하나님의 말씀입니다. 그렇게 보면 목회자는 무엇보다도 설교자요, 설교자는 목회자라고 할 수 있습니다.

잊혀지는 자의 기억

해석과 전달

설교자는 언제나 본문과 청중이라는 두 대상을 동시에 향하여 서 있습니다. 청중에 대한 의식 없이 끝까지 본문만 향하여 있는 사람은 수도사일망정 설교자는 아닙니다. 본문에 대한 이해 없이 끝까지 청중만 향하여 있는 사람도 연설가일망정 설교자는 아닙니다. 이와 같은 관점에서 볼 때 설교자는 동시에 이중적 책임을 걸머집니다. 본문에 대한 책임(responsibility to the text)과 청중에 대한 책임(responsibility to the audience)입니다. 본문에 대한 책임의 구체적 내용은 "해석"이고, 청중에 대한 책임의 구체적 내용은 "전달"입니다. 해석은 본문의 코드를 풀어내어(decoding) 그것이 무슨 말인지를 알아내는 작업입니다. 전달은 전달할 내용을 청중의 코드로 만들어서(encoding) 그들이 알아듣게 하는 작업입니다. "해석"과 "전달"은 설교가 존재하기 위한 두 기둥입니다. 이렇게 볼 때, 설교는 본문에 근거하고 동시에 청중을 지향하는 것이 되어야만 합니다. 이 말은 설교의 내용이 본문으로부터 나온 것이어야 하고, 설교의 목표가 청중을 향하여야 한다는 말이기도 합니다.

설교자는 언제나 이 두 가지 작업을 동시에 수행해야만 합니다. 전달되지 않는 심오하고 성경적인 해석은 무용지물입니다. 내용이 본문에서 오지 않은 탁월한 전달은 감언이설입니다. 설교자는 본문에 대하여는 해석자요, 청중에 대하여는 전달자라는 이중적 책임을 감당하는 사람이라는 사실을 잊지 않아야 합니다. 이 두 책임을 가장 충실하게 그리고 가장 효과 있게 수행하는 것이 그를 불러내신 하나님에 대한 책임(responsibility to God)입니다. 그리고 그것이 하나님에 대한 충성입니다. "사람이 마땅히 우리를 그리스도의 일군이요 하나님의 비밀을 맡은 자로 여길지어다. 그리고 맡은 자들에게 구할 것은 충성이니라."(고전 4:1–2). 이렇게 보면 설교는 해석과 전달이라는 두 기둥에 의하여 이루어집니다.

성령

여기에 또 하나의 보이지 않는 기둥이 있습니다. 성령입니다. 성령은 설교자의 해석과 전달이 가능하게 할 뿐만 아니라, 효과 있게 하는 결정적인 설교의 주체입니다. 사실 성령은 설교가 가능하게 되고 효과를 발하게 되는 각 단계마다 결정적인 주체로 간여합니다. 설교의 본문에 대하여는 저자입니다. 설교자가 회중으로부터 나올 때는 소명으로, 말씀 속으로 들어갈 때는 조명으로, 회중 앞에 서고, 청중에게 증언하고 선포하고, 삶의 현장인 세상으로 청중과 함께 나아갈 때는 능력 부으심(empowering)으로 성령이 결정적으로 간여하는 것입니다. 결국 설교는 해석과 전달 그리고 성령의 세 기둥으로 이루어집니다. 그러므로 설교자는 무엇보다도 성령과 친밀히 지내야 합니다. 성령으로부터 받아야 하고, 성령께 자기를 쏟아내야 하고, 성령의 부추김과 통제를 받아야 합니다.

성령이 오시고 역사하시는 가장 중요한 내용은 말씀 사역입니다. 성령은 말씀을 떠나거나 말씀과 배치하여 일하시지 않습니다. 성령은 별명이 "진리의 영"입니다. 예수님께서 성령을 보내시는 가장 중요한 목적 가운데 하나도 말씀 사역입니다. 성령을 보내주시겠다고 약속하는 고별설교 가운데서 예수님은 이 사실을 분명히 하셨습니다. "그러하나 진리의 성령이 오시면 그가 너희를 모든 진리 가운데로 인도하시리니 그가 자의로 말하지 않고 오직 듣는 것을 말하시며 장래 일을 너희에게 알리시리라 그가 내 영광을 나타내리니 내 것을 가지고 너희에게 알리겠음이니라"(요 16:13-14). 주님이 약속하신 대로 오순절에 성령이 오셨을 때 성령이 하신 일도 그것이었습니다. 성령은 방언을 말하게 하려고 강림하신 것이 아닙니다. 방언을 통하여 "하나님의 큰 일"을 말하게 한 것입니다(행 2:11). 방언은 언어가 통하지 않는 사람들이 모두 하나님의 큰 일, 곧 복음을 듣게 하기 위한 수단으로 필요했을 뿐입니다. 설교자는 무엇보다도 성령과 친밀하게 지내야 합니다. 그리고 성령과 친밀하게 지내려는 목적은 진리를 알고 깨닫고 순종하고 가르치려는 데에 초점이 맞추어져야 합니다.

청중 친화적 설교

설교의 궁극적 목적은 청중의 변화입니다. 사도 바울은

이것을 "하나님께 합당히 행하게 하려함"이라고 하였습니다. 그러므로 설교자가 갖추어야 할 가장 중요한 마음 가운데 하나는 청중에 대한 애정입니다. 설교자는 자신의 설교를 사랑하지 말고 자기의 설교를 들을 청중을 사랑해야 합니다. 설교를 준비할 때는 멋지게 설교하고 감동적으로 설교하는 자신의 모습이 아니라, 이 말씀을 들을 청중을 떠올리며 설교를 준비해야 합니다.

청중의 입장을 책망하고 비판하는 설교자보다는, 청중의 입장을 이해하고 공감하며 시작하는 설교자의 설교가 훨씬 능력을 나타냅니다. 설교자가 서 있는 강단은 청중 머리 위 높이 있지만, 설교자 자신의 마음은 청중이 앉아 있는 그곳에 함께 있어야 합니다. 이것은 "체휼"의 원리에 충실한 것이기도 합니다. 효과적인 설교의 커뮤니케이션은 청중 분석(audience analysis)으로부터 시작한다는 말은 사실이 아닙니다. 설교의 전달은 청중 체휼로부터 시작합니다. 청중이 이해받고 있다는 것 때문에 친근감을 경험하게 하는 데로부터 시작해야 합니다. 나는 오래전부터 이러한 설교를 청중 친화적 설교라고 불러왔습니다. 이것은 단순히 청중을 끌어들이기 위한 수사학적 커뮤니케이션 기법을 구사하는 차원이 아닙니다. 공감과 체휼의 애정 어린 청중 이해를 가진 설교자가 되는 차원입니다. 청중을 변화시키는 설교는 청중 친화적 설교로 부터 발돋움이 이루어지는 것입니다. 그러기 위해서는 단순한 지도자나 교사나 감독자의 입장이 아니라, 목회자의 마음으로 설교에 임해야 합니다. 목회자로서 청중을 대하여야 하는 것입니다. 목회자로서 청중을 대한다는 말은, 마치 부모처럼 그리고 목자처럼 교인들에 대한 깊은 애정을 품고, 어떻게 해서든지 그들이 하나님 앞에서 잘되고 복을 받게 하려는 열정을 품고 교인들을 대하는 것을 말합니다. 사실, 이것이 하나님께서 우리에게 품으신 마음이고 또 나타내 보이신 마음입니다.

교인을 사랑하는 마음으로, 그리고 신앙이 성숙하기를 바라는 심정으로 가르치고 권면하는 것과, 교인들의 신앙 성숙을 위해서라는 명분으로 설교자의 맺힌 한을 푸는 것은 스스로 분간이 됩니다. "너 잘되라고 그러는 거야!"라며 아이를 혼낼 때, 엄마가 정말 그 맘인지, 화가 나서 그러는 건지, 아이는 정확히 알아차린다는 것을 자녀 키워 본 사람은 다 압니다. 교인들도 그렇게 다 알아차립니다. 똑같은 내용으로 똑같이 고함을 질러대는 설교이지만, 교인들이 그렇게 살지 않는 것이 안타까워서 지르는 고함과 그렇게 살지 않는 교인들에 대한 분노가 북받쳐 지르는 고함은 듣는 사람에게는 확연히 구별이 됩니다. 교인들이 비난받고 혼만 나고, 그래서 상처를 안고 힘없이 돌아가게 하지 말고, 비난받았더라도 일어나 예배당을 떠날 때는 소망을 갖고 돌아가게 해야 합니다. 말씀대로 살지 않는 인간들은 얼마나 나쁜 놈들인가 보다는, 말씀대로 살려고 몸부림치는 것이 얼마나 아름답고 멋진가를 훨씬 더 많이 말해야 합니다. 제발, 오늘도 우리는 혼만 나고, 비난만 받고 간다는 마음을 품은 채로 그들이 강단을 떠나게 하지 말아야 합니다. 일반 사회에서도 코로나 바이러스로 말미암아 닥쳐오는 신인류 시대를 살기 위해서는 이제 공감형 인간(Homo Empathicus)이어야 한다고 말하고 있습니다.

나가는 말

시대 분별 -
살아온 길, 살아갈 길

앞만 보고 정신없이 달려가는 열심만으로는 가치 있는 인생을 살 수 없습니다. 공부 잘하는 것이 목적인 공부는 위험합니다. 축구선수가 지옥 훈련이라 불리는 전지 훈련을 하며 매일 아침 15킬로씩 로드워크를 할 때는, 지치지 않는 체력으로 90분간 운동장을 누빌 수 있기 위해서라는 분명한 목적이 있습니다. 권투 선수가 매일 20킬로씩 길 위를 뛸 때는, 3분 동안 모든 체력을 쏟아 싸우기를 열 번을 계속해낼 체력을 기르겠다는 목적을 갖고 뜁니다. 신학교에 와서 다만 공부 잘하는 것이 목적이어서 밤을 새우며 열심히 공부 한다면 그것은 참으로 어이없는 일입니다. 왜 공부를 하는가, 공부를 잘하여 무엇을 하고자 하는가, 곧 공부하는 목적이 무엇인가를 분명하게 인식하고 공부도 하고 공부를 가르치기도 해야 합니다.

때로는 가던 길을 멈추고 살아온 길을 돌아보고, 살아갈 길을 내다보는 여유를 가져야 합니다. 살아온 길을 돌아보는 것은 단순히 지나간 세월을 추억하는 것과는 다릅니다. 그것은 지금까지 살아온 삶에 대한 진지한 자기 성찰입니다. 모세가 신명기 내내 일관되게 강조한 것은 사실은 역사에서 배우라는 것이었습니다. 벨사살 왕에 대한 하나님의 무서운 질책은 역사에서 배우지 않았다는 것이었습니다. 살아갈 길을 내다보는 것은 단순히 비전이라는 명분으로 소망 사항 가득한 장밋빛 꿈을 품어보는 것과는 다른 것입니다. 그것은 시대를 분별하는 것입니다. 살아온 길을 분별하면 과거가 현재로 이어집니다. 살고 있는 시대를 분별하면 현재가 미래로 이어집니다. 그렇게 과거와 현재와 미래가 한 줄로 잇대어집니다. 거기에 반성이 있고, 책임이 있고, 기대가 있게 됩니다.

시대 분별

시대를 분별한다는 것은 두 가지를 알아차리는 것입니다. 첫째는 하나님은 무엇이라고 말씀하시는가를 알아차리는 것입니다. 하나님께서 제시하시는 시대적 징조를 알아차리는 것입니다. 이것은 하나님께 민감한 영적 감각입니다. 둘째는 하나님은 어떻게 하라고 하시는가를 알아차리는 것입니다. 그리고 그에 따라 처신하는 것입니다. 이것은 하나님께 민첩한 영적 결단력입니다. 이것은 바쁜 일들을 멈추고 하나님과 일대일로 마주 앉아 깊이 기도하는 외로운 시간 없이는 불가능합니다. 하나님의 말씀을 펼쳐 놓고 사도 요한처럼 말씀이 열리기를 통곡으로 기다리는 자기만의 외로운 시간이 없이는 불가능합니다. 하나님과 친하게 지내지 않는 사람이 하나님께 민감할 수 없고, 말씀을 놓고 하나님과 치열하게 씨름하는 자기만의 고독한 시간이 없이 결단력을 발휘하여 하나님께 민첩하게 처신

하는 것은 불가능합니다.

결국 시대를 분별한다는 것은 그 시대에 대한 판단과 처신을 결정하는 것입니다. 그 판단과 처신의 절대적인 기준과 근거는 언제나 하나님입니다. 하나님은 어떠한 경우에도 하나님이시며, 그것은 반드시 드러나야만 하고, 드러날 수밖에 없다는 것은 부인할 수 없는 사실입니다. 우리는 시대를 분별하여 이 시대가 살아갈 길을 제시하는 거룩한 책임을 감당하는 일에 몰입해야 합니다.

지도자와 영웅

시대를 분별하는 것은 지도자들에게 무엇보다도 중요합니다. 시대를 분별하는 지도자가 없는 세대는 결국 망하게 됩니다. 그 시대를 사는 절대다수의 민중은 시대 분별 같은 것에 관심을 갖기 어렵습니다. 그들은 눈 앞에 펼쳐지는 현상을 살아가기에도 급급합니다. 구약 사사시대의 가장 치명적인 문제는 시대를 분별하는 지도자가 없었다

는 사실입니다. 모세가 죽자 하나님이 여호수아를 찾아오
셨습니다. 그는 하나님의 상대가 되어 새 시대를 펼쳐갈
지도자였습니다. 그래서 이어진 것이 여호수아 시대입니
다. 그러나 여호수아가 죽자 새 시대를 이어갈 지도자가
없었습니다. 하나님은 아무도 찾아가시지 않았습니다. 백
성들이 자기들이 제시한 의제를 갖고 하나님을 찾아가서
묻는 말에 답하라는 식으로 단답식 질문을 하는 것이 그
시대 역사의 첫 장면이었습니다. 그리고 전개된 것은 사
사시대였습니다. 사사들은 시대를 이끄는 지도자들이 아
니었습니다. 이스라엘을 억압하는 적군을 물리쳐서 고통
당하는 현실의 문제를 해결해주는 전쟁영웅들이었습니
다. 그들의 영웅적 승리 후에 이스라엘 백성의 신앙 수준
이나 하나님과의 관계는 늘 똑같거나 더 나빠지기만 했습
니다.

목회자는 영웅이 아니라, 지도자가 되어야 합니다. 영웅
은 닥쳐온 현실의 문제를 해결해주는 사람입니다. 그러므
로 영웅에게는 언제나 여론과 군중이 따라옵니다. 그러나
지도자는 앞으로 닥칠 문제를 내다보며 대비해주는 사람

입니다. 그러므로 지도자에게는 여론도 군중도 따라 붙지 않습니다. 그 사람처럼 생각하고 그 사람처럼 살아보고 싶은 소수의 제자들이 따라붙습니다. 그러므로 지도자는 늘 외롭고 고독한 길을 갑니다. 목회자는, 특별히 합신의 목회자들은 이 시대의 지도자가 되어야 합니다. 하나님께서는 바이러스가 지배하는 팬데믹과 그 후유증으로 초래되는 정신적 공황 상태인 "멘탈데믹(mental-demic)"의 시대를 통하여 매우 특별한 의도를 갖고 새롭게 판을 짜시려고 작심하신 것이 분명해 보입니다. 이러한 시대적 대전환의 상황에서 합신인들이 탁월한 지도력을 발휘하며 시대를 이끌어가는 모습을 보게 되기를 두근거리는 가슴을 안고 기대합니다. 목회자로 그리고 신학자로 나의 정체성이 형성된 모판일 뿐 아니라, 내가 평생 사랑하며 나의 열정을 바친 합신은 나의 은인이요, 죽는 날까지 나의 자랑이고, 감사이고, 명예입니다. 모두에게 다시 고마운 마음입니다.

1980년 합신을 개교하고 두 주쯤 후에 박윤선 목사님께서 경건회 설교를 마치시고 하신 기도를 여러분에게 소개

하면서 저의 고별강연을 마칩니다. 나도 우리 선생님이
그때 가지셨던 그 마음을 품으며 이 자리를 내려가고 싶
기 때문입니다.

"지극히 거룩하신 아버지 하나님. 고요히 심령 속
에 역사하시며, 저 높은 곳에서 지극히 낮은 자를
하감하시며 붙들어 주시며 도와주시며 위로하시는
그 은총을 감사하옵나이다. 하나님이여, 이제 이
젊은 학도들이 신학을 연구하며 주의 종이 되겠다
고 이렇게 애를 쓰는데, 하나님이여 기어코라도 이
들을 우리 주님의 참 종들로 세워주시기를 간절히
바라옵고 원합니다. 이 한평생 살아가는 것, 평안
히 살다가 죽겠다는 생각하지 않게 해주시고, 젊어
서 고생하고, 젊어서 개척하고, 젊어서 눈물 흘리
고, 젊어서 피흘리면서, 우리 주님의 십자가 길을
따라갈 수 있도록 은혜주시기를 바랍니다. 아버지
하나님이여 우리는 조상 때부터 내려오는 부패성
을 받아, 언제든지 죄인 중에 괴수요 누구에게 비
교할만한 생각조차 날 수 없는 존재들인데, 우리가

다함께 겸손히 낮아져서 주를 섬기며 과연 주님 위해서 희생할 줄 알며, 결단을 내릴 줄을 아는 하나님의 종들이 되게 하여 주옵소서. 아버지 하나님이여, 이 하루도 집 없이 의지할 데 없이 유리방황하면서 하나님의 말씀을 배우기를 원하는 이 학도들을 하나님이여 따뜻한 주의 긍휼의 은혜로써 둘러싸 주시기를 비옵나이다. 이 형제들의 가정 문제와 이 형제들의 모든 하는 일에 하나님이 함께 하여 주시기를 바랍니다. 예수 그리스도의 이름으로 비옵나이다. 아멘."

(박윤선 목사의 1980년 11월 26일 합신 경건회,
"네가 나를 사랑하느냐" 설교 후 기도)

살아온 길을 분별하면 과거가 현재로 이어집니다.
살고 있는 시대를 분별하면 현재가 미래로 이어집니다.
그렇게 과거와 현재와 미래가 한 줄로 잇대어집니다.

신인류 시대를 살기 위해서는 이제 공감형 인간이어야 합니다.

박영선 목사 | 합신 석좌교수
본문 누가복음 7:36-50

  사도 요한은 예수님
의 행적을 다 기록하면 이 세상이라도 그 기록한 책을 둘
곳이 없을 것이라고 합니다. 그러니까 복음서에 기록한
말씀은 예수님의 행적 가운데 아주 중요한 핵심만 걸러낸
것이라는 말입니다. 그런데 오늘 본문인 누가복음 7장에
등장하는 이 여인의 이야기는 별것 아닌 것 같은데 누가
가 이렇게 길게 설명을 합니다.

시몬이라는 바리새인이 예수님을 자기 집에 모시고 대접을 하는데 한 여인이 와서 향유를 그 발에 붓고 머리털로 닦고 울며 입을 맞춥니다. 바리새인 시몬은 예수가 선지자라면 이 사람이 죄 많은 여인이라는 걸 알 텐데 왜 이런 행동을 허락하는가 하고 마음에 생각하고 있습니다. 그에게 예수님께서는 "시몬아, 네 생각에는 많이 용서를 받은 자와 적게 용서를 받은 자 중에 누가 더 감사하겠느냐?" 하고 물으십니다. 시몬은 자신 있게 대답합니다. "당연히 많이 용서를 받은 자겠지요." 예수님이 말씀하십니다. "이 여인이 그렇다." 이렇게 간단한 이야기를 누가는 길게 소개합니다.

〈대부〉라는 영화를 보면 시작이 아주 인상적입니다. 영화가 시작하였는데 화면에는 아무것도 나오지 않고 깜깜한 채로 잠시동안 시간이 흐릅니다. 필름이 끊긴 건지, 무슨 사고가 난 건지 하고 생각할 즈음에, 어두운 방에서 마피아 다섯 패밀리 중에 가장 큰 조직의 수장인 돈 꼴레오네 앞에 보잘것없이 생긴 한 남자가 서서 청탁을 하는 장면

이 펼쳐집니다.

"대부 어르신, 내 딸이 백인 둘에게 폭행을 당하여 얼굴을 회복할 수가 없고 뼈가 부러지고 이빨이 빠져 철사로 간신히 묶어놨습니다. 돈은 얼마든지 낼 테니까 제 복수를 해 주십시오."

그러자, 돈 꼴레오네가 이렇게 답을 하지요. "너는 이 방에 들어와서 내게 존경을 표하지도 않고, 내 손에 입을 맞추지도 않고, 내 손자의 안부도 묻지 않고, 다짜고짜 돈은 얼마든지 줄 테니까 복수를 해달라고? 만일, 네가 내 가족이었다면 너는 나한테 부탁을 할 필요도 없었겠지. 네게 일어난 일은 곧 내 일이 되니까"

그러니까 지금 예수님께서는 시몬에게 이렇게 이야기하시는 것입니다. "이 죄 많은 여인도 내게 와서 예를 표하고, 눈물을 흘리고, 진심을 기울여 내게 교제를, 긴밀한 관계를 빌고 있다. 너는 바리새인이고, 실력 있는 율법사이면서 내가 네 집에 들어왔을 때 내 발 씻을 물도 주지 않았다." 이렇게 꾸짖는 셈입니다.

본문을 각색하면 "시몬아, 넌 뭘 그렇게 겁을 내느냐? 이 여인이 죄지은 게 너한테 왜 그렇게 거리낌이 되고, 그렇게 불만이냐? 죄지은 여인을 처벌해야만 네가 떳떳할 수 있다는 말이냐? 이 바보 같은 놈아!"이렇게 묻는 거죠.

"네가 발 씻을 물도 주지 않고 불러서 시험이나 하는 나는 저 여인을 용서한다. 나는 그런 권력을 가진 존재다. 저 여인은 용서받는다. 울어서가 아니다. 나는 폭력을 행사하여 죄인이나 처벌하려고 온 심판자가 아니다. 나는 용서하고 회복하여 모두의 입술에 찬송을 넣기 위해서 온 하나님의 아들이다." 이렇게 얘기하는 것입니다.

그러니 생각해 보십시오. 우리가 예수 믿어서 힘든 여러 이유 중 하나는 우리의 기대와 다른 하나님의 일하시는 방식에 대하여 우리가 몹시 불안한 탓입니다. 왜 불안하게 되는 걸까요? 뭐가 우리를 불안하게 하는 걸까요? 우리는 하나님을 절대자라고 믿습니다. 당연히 그렇습니다.

하나님은 절대자입니다. 그런데 우리가 하나님은 절대자라고 할 때 어떤 의미에서 그렇다고 생각합니까? 하나님이 절대자라 할 때, 우리는 하나님을 잘하면 상주고 잘못하면 벌주는 분이라고 생각하고, 그러므로 원칙에 붙잡힌 피도 눈물도 없는 하나님이라고 생각하는 것 같습니다.

그러나 성경은 끊임없이, 나는 너희를 사랑한다, 나는 자비롭고 은혜롭고 노하기를 더디하고, 인자와 진실이 풍성한 하나님이다. 일흔 번씩 일곱번이라도 용서하겠다, 너희를 죽음의 자리까지 쫓아 들어가서 구원해내겠다, 이렇게 말씀하시는 하나님을 이야기하고 있습니다. 그러나 성경이 아무리 이렇게 이야기해도 우리는 겁을 먹습니다. 절대자이신 하나님은 죄에는 벌, 잘하면 상을 주시는 비정한 분이라고 믿고 있기 때문입니다.

그래서 우리는 하나님을 앞세워 늘 공포와 폭력 속에 있기 일쑤입니다. 웃을 틈도, 존경과 사랑을 주고 나눌 틈도 없습니다. 마피아 두목쯤만 되어도 폭력으로 자기 지위를 증명하려하지 않고 상대방에게 존경과 관계를 요구합니

잊혀지는 자의 기억

다. 하나님이 그걸 요구하십니다. 그런데 왜 신앙생활이 길어질수록, 공부를 많이 할수록 웃음이 점점 없어져야 할까요?

잘 생각해 보세요. 우리가 누구를 믿고 있는지, 또 우리가 현실에서 누구를 만나고 있는지! 우리가 돈 꼴레오네이고 상대방이 부탁하러 와야 하는 그런 사람들입니다. 그런데 고함이나 지르고, 기관총이나 꺼내 들고 상대방을 위협하고 있는 건 아닌가 생각해봐야죠. 열려 있는 세상, 위대할 기회가 우리에게 지금 매일 반복되고 있는데, 우리는 이런 하나님, 그의 손길과 그의 뜻, 그의 마음, 그의 은총을 생각하지 못하고, 우리에게 요구하시는 찬송을 실어 나르지도 촉발하지도 누리지도 못하고 삽니다.

오늘 정 총장님이 퇴임합니다. 퇴임해서 어디 이민 가는 것도 아니니, 또 만날 것입니다. 그런데 우리는 이런 날 어쩔 줄을 모릅니다. 뭐라고 해야 할지, 어떻게 처신을 해야 할지, 어색해하고 난처해 합니다. "축하합니다."라고 하지만, 사실 이런 축하는 좀 애매해요. "그러지 않아도

빨리 그만두시기를 바랐어요." 그런 뜻인가요? 그렇지는 않겠죠. 이럴 때 어떤 태도를 취하고 어떤 말을 할 것인가를 우리가 만들어야 합니다.

'감사합니다. 감사합니다. 늘 곁에 계셔 주십시오. 오래오래 편들어 주시고 총장님이 수고하신 열매들을 보아주십시오. 총장님이 저를 기뻐하시고 기억해 주신다면 그 이상의 영광이 없겠습니다.' 이런 말들을 할 수 있어야 합니다. 지금은 써서 외워서라도 그렇게 하면 점점 그것이 여러분의 일상의 실력이 될 것입니다.

기도하겠습니다.

하나님 아버지. 우리는 전지전능하신 하나님, 우리를 사랑하사 그 아들을 보내신 하나님을 믿고 증언하고 그 은혜와 기적을 나누는 자로 서 있습니다. 우리의 부족한 것이 무엇인지 돌아보게 하시고, 우리의 입술에, 우리의 생애에 하나님의 은총과 기적을 나누게 하사 찬송을 채워 주시옵소서. 오늘 우리는 정 총장님 퇴임 예배에 왔지만, 우리의 생애와 우리의 운명이 하나님 손에 있는 것을 확인하여 기쁨과 감사로 주 앞에 섰습니다. 모두의 심령과 책임과 고백 속에 더 큰 것으로 이제 채우사 우리의 내일은 오늘보다 더 낫고 기쁘고 찬란하게 하여 주시옵소서. 이후로 더욱 크게 하나님 앞에 증인이 되는 위대한 삶을 총장님의 생애에 주시옵소서. 우리의 소망과 모범이 되게 하여 주시옵소서. 예수님 이름으로 기도합니다.

아멘.

비상(非常)은 비상(飛翔)이기도 하다.
날자. 날자.
한 번 더 날아보자꾸나.

이제는 경쾌한 비상의 시작!

<부록>

40년 친구 3인의
은퇴 축사

———

홍동필

조봉희

조병수

친구를 되돌아보며

홍동필 목사(전주새중앙교회 담임)

정창균 총장을 생각하면 일단 멋있다는 생각이 앞섭니다. 멋을 아는 사람이고, 멋을 내고 즐기며 사는 사람입니다. 공부도 잘하지만 놀 줄도 압니다. 남자다운 기백이 있고 배짱도 있습니다. 상황 판단이 정확하고, 사물에 대한 명료한 분석과 판단력이 탁월합니다. 그래서 제가 지어준 별명이 있는데, 그것은 '아이디어 뱅크(idea back)'입니다. 언제 어디서 만나도 대화의 실타래를 풀어주는 친구입니다.

1982년 3월 합동신학대학원대학교에 입학해서 한 학

기를 보내고, 2학기를 맞이한 어느 날 우리는 가까운 친구로 지내자고 약속했습니다. 물론 이런 계기를 만든 장본인은 조봉희 목사입니다. 조봉희 목사의 제안으로 우리는 가까운 친구로 지내게 되었습니다. 월요일에는 수업이 없었습니다. 그래서 처음에 우리는 만나서 공부하기로 계획을 했습니다. 책을 읽고 서로 돌아가며 발표하는 식으로 만나자고 하였습니다. 그리고 당시에 아직 번역되지 않은 F F 부르스의 바울이라는 책을 가지고 만났는데, 첫 번째 모인 날만 공부하고 그 다음부터는 공부 말고 그냥 놀기로 했습니다. 정창균 총장이 한 가지 제안을 했는데, 지금 생각해도 일리가 있는 제안이었습니다. "우리는 언제라도 친구가 되어, 지금이 아니라 10년, 20년, 30년이 지나도 언제든지 책망할 수 있고 잘못을 지적할 수 있는 친구가 되어야 한다. 그러기 위해서는 친하게 지내며 정이 들어야지 모임을 조직해서는 안 되니 그냥 놀면서 친구로 지내야 한다. 그야말로 친한 친구가 되는 것이다." 그래서 우리는 스터디 그룹도 아니고, 기도 모임도 아니고, 그냥 정든 친구로 지내게 되었습니다. 늘 붙어 다니며 놀았고, 같이 먹으며 놀았습니다. 점점 부인들도 함께 어울리며 부부가 함께 친하게 되었습니다.

신학생과 전도사 시절은 비록 가난했지만 정말 행복했습니다. 학교 끝나면 따로 만나서 육교 밑에 있었던 포장마차에 들러 호떡을 사 먹었습니다. 집에서 만나면 주로 라면을 끓여 먹었습니다. 그 당시 우리에겐 최고의 음식이었습니다. 우리는 정 총장의 집에서 모였습니다. 돈이 없고 먹고 살기가 힘들었기 때문에 사모님께서 아이들을 데리고 친정집에서 따로 살고 있었습니다. 한번은 수업 시간에 정 총장이 보이지 않았는데, 나중에 알고 보니 학교에 올 버스 토큰이 없어서 학교에 오지 못했다 하였습니다. "오늘은 하나님께서 그냥 집에서 공부하라고 하시는구나 했지 뭐." 그의 대답이었습니다. 가난도 극심한 가난 속에서 살았던 때였습니다. 그래도 우리는 신학을 배운다는 것만으로도 행복했고, 친구가 있다는 사실이 위로가 되었으며 즐거웠습니다.

정창균 총장은 정의감이 불타고 언행이 올곧은 친구입니다. 겉모습은 여리여리해서 약하게 보이는 스타일입니다. 그러나 속에는 불이 활활 타오르고 있고 불의를 보면 견디지 못합니다. 문제가 생기면 치밀하게 분석해서 해결책을 내놓는 해결사이기도 합니다. 현대 목회에 대해서, 그리고 시국에 대해서, 그리고 현시대를 돌아보면서 미래에 대한 대안을 내놓는 것을 보면 타고난 학자임과 동시에 특별한 은사를 가지고 있음이 분명합니다.

매년 11월이면 정암신학 강좌를 총동문회에서 실시합니다. 오래전 정암신학 강좌에서 박윤선 박사를 연구해서 발표했는데 참여한 모든 사람이 감탄한 사건을 잊을 수가 없습니다. 언제 그렇게 준비했는지 박윤선 박사의 생전 육성을 들려주는데, 기도면 기도, 신학이면 신학, 목회면 목회에 맞게 강의하면서 녹음된 목소리를 들려주었습니다. 철저한 준비와 정 총장만의 탁월한 전개는 충분히 박윤선 박사를 이해하고도 남을 명강의였습니다. 정창균 총장만이 할 수 있는 분석으로 정확한 핵심을 전달한 것입니다.

그 후 그는 박윤선 목사님의 기도를 연구하여 생생한 육성과 함께 책으로 엮어냈습니다. 이것을 책으로 엮어낸 것이 바로 『기도하는 바보가 되라』입니다. 그는 기도를 돌아가신 장로 아버지와 박윤선 선생님에게서 배웠다고 말했습니다. 중국에서 한 달 동안 연구하며 지내는데 한국 교회 살길은 기도에 있다는 생각이 퍼뜩 들어서 2주 동안 잠을 자지 않고 그 책을 집필하였다고 했습니다. 이 책을 읽으면 기도하고 싶은 마음이 저절로 나오며, 박윤선 박사님이 얼마나 기도를 소중하게 여겼으며, 박 목사님 본인이 얼마나 기도에 집중했는가를 알 수 있습니다. 그야말로 정창균 총장이라는 훌륭한 제자를 키워냈기에 박윤선 박사님을 돌아볼 수 있고, 또 정확하게 박윤선 박사님이 어떤 분이시기에 한국 기독교사에 없어서는 안 되는 인물인가를 알게 해줍니다.

정창균 총장의 주님을 향한 열정은 타의 추종을 불허할 것입니다. 주님 앞에 엎드려 기도하는 정 총장의 모습은 엘리야를 생각하게 합니다. 합신의 새벽 채플에 참석하여 통성으로 기도합니다. 학자의 입에서 나오는 고백과 큰 소리로 하나님을 향해 부르짖는 기도는 함께 그 자리에 있는 사람으로 하여금 기도하게 만듭니다.

정창균 총장은 하나님께 헌신된 자요, 충성하는 학자입니다. 남아공에 유학하던 중, 제가 부목사로 시무하던 부산새중앙교회(현 호산나교회)에 내려와 함께 시간을 보낼 기회가 있었습니다. 그때 "나는 한국교회에 빚진 자요, 기도해주고, 물질로 후원해주는 교회와 성도들에게 빚진 자요"라는 말을 자주 했습니다. 유학을 마치고 돌아와서 합신 교수로 재직하면서도 여전히 한결같이 "나는 합신과 한국교회와 성도들에게 빚진 자"라고 말하며 그래서 빚 갚는 마음으로 더욱 충성하고 더욱 헌신해야 한다고 하였습니다.

한국에서 최초로 설교자 하우스를 설립한 이유가 바로 빚진 자의 마음 때문입니다. 설교자 하우스를 설립하고 신학생들을 모아서 가르칠 때부터 지금의 자리로 설교자하우스가 세워질 때까지 재정이 없어서 거의 자비량으로 섬겼습니다. 교수 봉급이 많지도 않은데 학생들을 가르치고 한국교회에 도움이 되는 설교자를 세우기 위해 부단히 노력하고 애를 쓴 학자입니다. 언제든지 섬길 마음의 준비가 되어있기 때문에 한국에 이렇게 귀한 설교자하우스가 존재하게 된 것이라 생각합니다. 정 총장 때문에 공부해서 박사 학위를 한 제자가 줄줄이 나온 것을 보면 대단한 열정이라고 생각합니다.

합동신학대학원대학교 총장으로 재직하는 기간은 그가 얼마나 지혜롭고 유능한 지도자인가를 충분히 보여주는 계기가 되었습니다. 총장을 통해 나온 합신의 10가지 프로젝트는 그야말로 환상적입니다. 아무도 이런 생각을 하지 못했고, 할 수도 없었으며 또 생각이 있어도 실천하지 못했을 것입니다. 그런데 총장은 이 10가지 프로젝트를 구상하고 실행해서 학교 이미지를 새롭게 하였습니다. 한 가지 예를 들자면, 프랑스 위그노 프로젝트입니다. 앞으로 한국교회는 고난이 일상의 삶이 되는 세월을 살아야 된다는 판단으로, 고난을 살아야 하는 한국교회에 합신이 할 중요한 역할의 하나로 위그노 프로젝트를 기획한 것입니다. 그것은 고난의 현장에 있는 교회에게는 혹독한 고난 가운데서 신앙을 지켜낸 역사를 만나게 해야 한다는 그의 철학에서 나왔습니다. 총장에게서 프랑스 위그노에 대해 듣지 못했다면 아마 몰랐을 것입니다. 그는 친구 조병수 교수가 신약학자임에도 지난 10여 년 동안 프랑스 위그노를 심도 있게 연구해왔다는 사실을 파악하고 조병수 교수를 프로젝트 디렉터로 위촉하여 이 일이 실현되게 하였습니다. 이렇게 하여 거의 최초라고 할 프랑스 위그노를 한국교회에 소개하는 일이 이루어진 것입니다. 프랑스 개신교도들이 혹독한 박해를 받으면서도 참고 견디면서 그 신앙을 지켰고, 그 신앙이 지금까지 이어왔다는 사실을 듣고, 그 치열했던 현장을 돌아볼 때 보면 볼수록 감동이었습니다. 더욱 감사한 것은 조병수 교수가 프랑스 위그노 연구소를 개설하여 은퇴 이후에도 그 사역을 이어가고 있다는 것입니다.

정창균 총장은 의리가 있고 우정을 위해서는 아낌이 없는 사람입니다. 그는 마음이 따뜻하고 부드럽습니다. 정이 많습니다. 무엇인가를 섬기고 싶어 하는 마음이 몸에 배어 있는 친구입니다. 우리식으로 말하자면 오지랖이 넓습니다. 그래서 상처도 많이 받고, 마음 아파하기도 많이 합니다. 그러나 우정을 위한다면 전혀 아끼지 않습니다. 그가 책에 쓴 단어 하나 때문에 혹시 친구의 마음이 불편 할까봐 자신이 써서 출간한 책 700여 권을 쓰레

기처럼 폐지 수집장으로 보내버리기도 하였습니다. 한 번 마음을 준 이상 변하지 않습니다. 그래서 손해도 많이 봅니다.

정창균 총장은 멋진 친구입니다. 공부만 잘하는 학자가 아닙니다. 일반적으로 학자는 공부만 잘하는 것으로 인식되고 좀 답답하다는 것이 학자에 대한 공통적인 생각입니다. 그러나 정 총장은 멋을 압니다. 음악에 대한 조예는 남다릅니다. 진짜 인생을 즐길 줄 압니다. 평소 입에서 흘러나오는 노래는 찬송입니다. 힘들고 지치면 사람이 짜증 나고 노래가 나오지 않는데 늘 찬송이 흘러나옵니다. 감사한 것은 내가 좋아하는 "나 어느 곳에 있든지 늘 맘이 편하다" 찬송을 제일 좋아한다는 말에 더 감사했습니다. 정 총장은 찬송만이 아니라 서재에 가면 명곡과 오페라 CD 그리고 흘러간 옛 노래가 책장에 가득 꽂혀 있습니다. 노래 실력도 대단합니다. 음악만 잘하는 것이 아닙니다. 운동도 잘합니다. 탁구면 탁구, 수영이면 수영, 웬만한 운동은 다 잘 소화합니다. 운동신경이 상당한 수준입니다. 그래서인지 체구는 작아도 거인 같다는 생각이

듭니다. 마음 씀씀이나 생각의 폭도 아주 넓습니다. 이것이 전부가 아닙니다. 정 총장을 아는 사람은 인정할 것입니다. 음식도 아주 잘 만듭니다. 우리가 모이면 음식은 거의 정 총장이 도맡아서 준비했습니다. 물론 학생 때는 돈이 없어서 주로 라면을 끓였지만 여행 중 맘먹고 서양요리를 만들면 일류 요리사 못지않습니다.

정창균 총장은 주님 사랑과 진리 사랑이 누구보다 뜨겁습니다. 피곤해도 한 번 몰입해서 성경을 연구하고 무엇인가를 만들어 낼 때에는 날을 훌쩍 새는 경우가 많습니다. 하루 이틀이 아닙니다. 끝을 볼 때까지 해냅니다. 그래서 자주 두통과 흉통을 호소합니다. 그는 거의 평생 두통을 달고 삽니다. 나이 들어가는 친구로서 사실 이것이 늘 걱정되고 마음이 쓰이게 합니다. 그래도 주님을 사랑하고 주님을 향한 열정과 진리를 사모하는 마음은 누구도 따라올 수 없을 정도로 뜨겁습니다.

정창균 총장은 한국 교회를 사랑하고 제자들을 사랑하는 사람입니다. 이런 친구가 정년을 마치고 은퇴를 한다고 하니, 아까운 마음이 들기도 하고 자랑스럽기도 합니다. 지금까지 앞만 보고 달려온 삶, 앞으로도 여전히 그렇게 살아갈 것이라 생각합니다. 바라기는 놀 줄도 알고 멋도 부릴 줄 아는 그 멋진 삶과 그 많은 아이디어가 한국 교회와 세계 교회를 위해, 젊은 후학들을 위해 아낌없이 쓰임 받기를 소원합니다. 특별히 기도를 많이 하시는 사모님과 함께하는 즐거운 노년이 되기를 기도합니다.

전주 새중앙교회 목양실에서
40년 친구, 홍동필

완주와 승리를
경축 드립니다!

조봉희 목사(지구촌교회 담임)

Congratulations!!! 영광스러운 은퇴를 경축 드린다. 정창균 박사는 성씨(姓氏)를 잘 타고 나서 학교에 출강하는 그 날부터 정 교수였다. 그리고 지금은 정 총장으로 활약하고 있다. 거두절미하고 정 교수의 명예로운 은퇴를 맞으며 40년 절친으로서 몇 가지로 그를 정리해본다.

첫째, 그는 성공자를 뛰어넘어 승리자다. 리더십과 멘토링의 권위자인 R. 클린턴 교수는 『유종의 미』라는 책에서 성경에는 1,000여 명의 리더가 등장한다고 보고해준다. 안타까운 것은 30% 미만의 인물들만 '유종의 미'를 거두었다는 점이다. 그래서 클린턴 교수는 셰익스피어의 말을 인용하여 이렇게 호소한다. "끝이 좋으면 모든 것이 좋다."

존경하는 정 교수가 바로 그런 주인공이다. 그래서 정년은퇴를 더욱 경축 드린다. 일단 정년 은퇴하는 분들은 존경받아야 할 리더다. 명예로운 완주자요, 승리자다. 나는 정 교수와 40년 지기 막역한 친구여서 그의 삶의 생생한 증인이다. 그는 합신 입학부터 지금까지 '한길 가는 순례자'로 고군분투하며 섬겨왔다. 초창기 학교 시스템에 따른 모든 불이익을 기꺼이 감수하면서도 후학양성과 한국교회의 강단 살리기, 그리고 학교발전에 침묵정진 신앙으로 헌신해 온 완주 승리자다(Finishing Well Winner).

둘째, 정 교수는 에스라와 같은 말씀 부흥사다. 에스라 선지자는 연일연야 율법 책을 낭독하는 부흥 운동가였다. 그는 침체된 신앙재건을 위해 새벽부터 정오까지 하루 여섯 시간씩, 일주일동안 말씀을 읽고 해석해주는 부흥 설교자였다. 그야말로 Bible Conference의 선구자였다. 정 교수는 지금까지 그렇게 사역해 왔고, 앞으로는 더욱 타오르는 불길로 설교 부흥을 일으켜 갈 것이다. 이 시대가 필요로 하는 말씀사경회 전문가다.

얼마 전 고 옥한흠 목사님 10주기 추모예배에서 어떤 기자가 옥 목사님의 인생을 두 단어로 스마트하게 압축해주었다. "제자훈련에는 광인(狂人)이셨고, 설교에는 장인(匠人)이셨다." 정 교수도 바로 그런 분이다. 그는 여전히 설교자 배출에 광인(狂人)으로 올인하고 있으며, 설교에는 장인(匠人)으로 살아가고 있다. 무엇보다도 정 교수는 logos와 ethos, 그리고 pathos의 삼위일체적 설교자다. 말씀의 본질이 살아나도록 파헤쳐주며, then & there의 메시지를 here & now로 접목하고 적용시켜주는 삶의 내비게이터 설교자다. 그야말로 냉철한 head에서 뜨거운 heart로 녹여내고, 결국 hand를 움직이게 하는 실천 지향적 설교자다. 그는 본인부터 가슴으로 울면서 호소하는 soul winner 설교자다.

셋째, 정 교수는 벤처인생을 살고 있는 비전 리더다. 그는 한국교회와 세계선교 현장의 강단개혁을 위해 과감한 모험으로 거룩한 도박을 하고 있는 사람이다. 그래서 일찍부터 〈설교자하우스〉라는 거시적 비전(macro vision)을 차근차근 추진하고 있는 것이다. 리더(leader)라는 단어 뜻 그대로 그는 앞장서서 〈강단으로 가는 길〉로 안내해주는 선견자요, 선구자다. 특히 지쳐 있는 현대인들을 위해 푸른 초장 목회를 하도록 목자적 설교자를 배양해내는 강단 리더다.

나는 리더십의 최고 권위자인 John Maxwell을 매우 좋아한다. 그는 원래 미국 샌디에고에서 매우 훌륭한 목회를 하였다. 침체된 교회에 부임하여 사도행전적 부흥과 성장의 신기원을 이루어냈다. 그런데 그는 과감하게 교회를 사임하고, 새로운 도전을 하였다. 리더를 키우는 리더로 도약한 것이다. 정 교수가 바로 그런 분이다. 그는 유학을 마치고 귀국하는 순간부터 담임목회 사역을 했다. 교회를 건강하고 힘차게 부흥 성장시켰다. 타이밍의 법칙과 모멘텀의 원리에 따라 교회 이전의 놀라운 엑소더스도 이루었다. 그런데 그는 과감하고 단호하게 한 교회의 담임목사직을 사임하고, 교수 사역에 올인 했을 뿐만 아니라, 설교자를 키우고, 더 나은 설교자로 향상시켜주는 〈설교자하우스 미니스트리〉에 광인(狂人)으로 헌신하고 있다. 이처럼 정 교수는 예수님의 비유 메시지처럼 작은 시작으로 거대한 하나님 나라를 이루는 겨자씨와 강단개혁의 upside down을 이루는 거룩한 누룩 운동가다. 그래서 정 교수는 벤처비전 리더다.

넷째, 정 교수는 폭넓은 개혁주의 신학자요, 설교자다. 그는 정석코스로 성경해석학과 설교학을 전공한 신학자와 성경강해자로서 티칭사역을 하고 있다. 그동안 신학교에서 설교학을 가르쳐온 분들은 대부분 예배학이나 목회학을 전공하였다. 그런데 정 교수는 성경해석의 기본과 기초가 확실한 정통 설교학자로서 후학들을 양성하여 왔고, 교회의 강단개혁에 불의 전차로 활약하고 있다.

특히 나는 정 교수야말로 폭 넓은 개혁주의 설교학자임을 천명하고 싶다. 그는 네덜란드 개혁신학자 A.

Kuyper가 주창했듯이 폭넓은 개혁주의 신학으로 진정한 복음 설교의 진수를 가르쳐주고 있다. 우리 모두가 큰 스승으로 따르고 있는 존 칼빈을 티모시 조지는 아주 선명하게 상기시켜준다. "그는 '함께 / 그리고'의 신학자였고, '어느 한쪽 / 또는'의 신학자였다. 즉 그는 this or that이 아닌, both and, 둘 다 끌어안는 폭넓은 신앙의 사람이었다." 정 교수 역시 그런 분이다.

다섯째, 정 교수는 이제부터 자유인이다. 그리고 더 높이 날아오르는 비상 인생을 시작하는 것이다. 정년은퇴와 함께(총장직 종료 후) 학교 제도에 얽매인 고용인에서 자유인이 되는 것이다. 더 이상 한 울타리에 갇히지 않고, 더 폭넓게 활동할 수 있는 프리랜서로 비상하여 나갈 것이다. 그래서 나는 "은퇴"라는 말을 좋아한다. Re-tire다. 새로운 타이어로 교체했으니 더욱 탄력있게 달릴 수 있고, 더 높이 비상할 수 있는 것이다. 그래서 더욱 정 교수의 은퇴를 경축드린다.

정 교수는 목회라는 첫 번째 산을 넘어왔고, 교수 사

역이라는 두 번째 산을 넘어왔다. 이제는 정년은퇴와 함께 세 번째 산을 넘어가는 티핑 포인트(Tipping Point)에 이르고 있다. 더 넓은 사역 현장과 새로운 지평으로 비상할 것이다. 기대가 넘친다. 나는 독수리를 매우 좋아한다. 성경에서도 독수리의 영성을 강조한다. 독수리는 가장 장수하는 조류로 알려져 있다. 독수리는 과감한 자아갱생을 통해 새로운 도약과 비상을 이루기 때문이다. 독수리는 약 40년쯤 살았을 때 새로운 변곡점을 이루어낸다. 단호하게 고통스런 수행의 과정을 거쳐 새로운 부리, 새로운 발톱, 새로운 깃털로 놀라운 자기갱신에 성공한다. 그래서 다시 30년 이상 더 살면서 활공한다.

이런 비상(飛翔)이 은퇴의 창조적 변곡점이다. 새로운 비전을 향한 임계점이다. 물이 수증기로 변하여 엄청난 기폭제가 되듯이 정 교수는 힘찬 영향력으로 활공할 것이다. 그야말로 정상(定常)에서 정상(頂上)으로 높이 솟아오를 것이다. 그래서 은퇴를 더욱 경축 드린다.

끝으로 우리 시대의 지성과 영성의 사람 이어령 선생

과 정교수가 늘 좋아하는 시인 이상의 시 몇 문장을 편집
하여 은퇴선물로 올립니다.

비상(非常)은 비상(飛翔)이기도 하다.
그래서 살아가기에 지쳐 있는 사람들에게
독수리의 날개를 주십시오.
벼랑 끝에서 날게 하소서 ~~~
날자. 날자. 한 번 더 날아보자꾸나.
이제는 경쾌한 비상의 시작!

40년 절친
조봉희

잊혀지는 자의 기억

정창균 총장의 은퇴와
설교자하우스 설립 22주년을
축하하며

조병수 목사(합신 명예교수, 전임총장)

세월이 누군가에게는 덧없이 흐르는 것이지만 누군가에게는 찬연한 업적을 남겨주는 것이 된다. 시간이란 마른 손으로 한 움큼 쥐어 든 모래처럼 손가락 사이로 솔솔 새어 나가는 것이라고 생각하는 것은 큰 오해이다. 세상에는 모래를 적절한 비율로 섞어 든든한 건물을 하늘 높이 세우는 사람들이 있는 것처럼, 시간을 지혜롭게 버무려 알찬 인생을 짓는 사람들이 있다. 나의 친구 정창균 총장은 그런 사람이다. 그는 합동신학대학원대학교에서 가르치던 초기부터 장차 올바르고 유능한 설교자들을 한국 교회의 강단에 공급하겠다는 뜻을 가지고 설교자하우스를 시작하였다. 아직 형성되지 않은 미래를 저 멀리 내버려두지 않고, 마치 큰 금덩어리라도 되는 양 필요한 만큼씩 잘라서 현재에 사용한 것이다. 그 일을 시작한 지 어느덧 22년이 되었다는 것은 미래를 그만큼 유용하게 활용했다는 것을 의미한다. 이런 의미에서 설교자하우스가 설립 22주년을 맞이한 것을 축하드린다.

솔직히 말해서 이런 일은 아무나 할 수 있는 게 아니다. 이 일을 하는 데 요구되는 조건들을 골고루 갖추지 않은 사람이 한 번쯤 자신도 해보리라는 야심을 품어볼 수는 있겠지만 얼마 지나지 않아 고개를 저으며 생각을 접고 말 것이다. 그를 오랜 시간 지척에서 지켜본 나는 정 총장이야말로 설교자하우스를 성공적으로 일굴 수 있는 적임자였다고 확신한다. 우리는 3년을 신학교의 한 교실에서 수학한 동기이고, 같은 노회에 속해 한 걸음이면 다다를 수 있는 거리에서 수년간 목회를 하였고(그는 11년, 나는 7년), 한 신학대학원에서 20년 이상을 함께 교수 생활을 하였다. 각기 다른 나라에서 유학을 했던 시기를 빼면 거의 한결같이 동일한 배를 타고 항해를 한 셈이다. 그래서 우리는 보통 40년 지기라고 부른다. 정 총장이 아니면 이런 일을 해내지 못했을 것이라고 감히 단언하는 까닭은 이런 관계 때문이다. 그는 이 시대 설교학의 선봉 기수로 한편으로는 설교자의 인품을 가지고 있고, 다른 한편으로 설교자의 통찰력을 가지고 있다.

오래 전, 그러니까 1999년 연초에 우리 두 사람은 연변 과기대에서 열린 합신의 해외연수원에 강의를 하러 2주간 동안 다녀온 적이 있다. 설날(춘절)을 끼고 있던 한겨울이라 추위가 대지 위에 사납게 맹위를 떨치고 있었다. 숙소에서 강의 장소까지 가려면 택시를 타야 했는데, 속에 겹겹이 옷을 껴입고 온몸을 감싸는 외투에다 간신히 눈과 코만 내놓은 털모자를 뒤집어썼음에도 불구하고, 얼마나 추운지 택시를 기다리는 겨우 5분 동안 이미 살 속으로 파고든 추위 때문에 골이 얼어붙을 정도였다. 정 총장은 강의 기간 내내 중국의 조선족 교포들을 만나 다정하게 위로하며 격려를 하였다. 강의를 마치고 우린 연길

공항에서 귀국길에 올랐다. 탑승할 시간을 기다리는 중에 문득 정 교수를 바라보니 스웨터만 입은 채 몸을 떨고 있었다. "외투는 어디에 뒀어?" 내가 물었다. 그 친구는 잠시 머뭇거리더니 "어, 누굴 줬어"라고 대답하였다. 화들짝 놀란 표정을 짓는 나에게 그는 무슨 사연인지 간략히 말해주었다. 만났던 조선족 교포 가운데 한 사람이 제대로 보온이 될 것 같지 않은 겉옷을 입은 것을 보고 선뜻 내주었다는 것이다. 자신은 귀국해서 다시 사 입으면 되니까... 나는 그런 마음이 정 총장의 주위에 늘 많은 사람이 운집하는 이유일 거라고 믿는다. 그날 설교자인 친구에게서 내가 배운 것은 설교는 말이 아니라 마음으로 하는 것이라는 교훈이었다.

두세 학기 우리는 함께 수업을 진행한 적이 있다. 전공이 서로 다른 두 교수가 한 과목을 가르치는 팀티칭 수업이었다. 먼저 내가 본문을 어떻게 해석하는지 강의하고, 이어 그가 본문을 어떻게 설교하는지 강의하는 방식으로 수업이 진행되었다. 내 강의를 먼저 듣는 정 총장은 학생들 앞에서 곧잘 나의 본문 해석에 감탄한다는 표현을

썼다. 기분 좋은 칭찬이었다. 하지만 정작 나도 그의 강의를 들으면서 감탄을 금치 못하였다. 그는 한 본문을 읽어놓고는 다른 본문의 주제를 말하지 말라고 가르쳤고, 설교 제목을 누구나 아는 뻔한 것으로 잡지 말라고 가르쳤다. 그는 설교자의 논리가 엉성하거나 비약하거나 이탈하는 것을 아주 싫어했다. 심지어 그는 설교자의 말투와 동작까지 체크하면서 교정해주었다. 나는 본문을 결정된 틀 속에서 바라보지만, 그는 본문을 살아 움직이면서 우리의 시대 또는 현실과 격렬하게 씨름하는 생물로 생각하는 것처럼 보였다. 그러다 보니 정 총장의 설교 강의에는 늘 혜안이 묻어나고 감동이 우러났다.

정 총장이 아니면 설교자하우스가 가능하지 않았을 것이라는 이야기를 하다 보니 몇 가지를 두서없이 늘어놓았다. 어쨌든 설교자하우스가 시작된 지 어언 22년이 지났고, 그 시간 동안 합신 재학생 그리고 졸업생 목회자 뿐 아니라 타 교단 목회자들까지 많은 사람이 그에게서 혜택을 얻었다. 설교자하우스를 거쳐 간 사람들은 그의 헌신적인 수고에 관해 입을 모아 말한다. 아쉬운 것은 아직도 미래의 창고에서 앞당겨 가져다 써보고 싶은 자원이 눈에 많이 띄는데 이젠 우리에게 힘이 넉넉지 않다는 것이다. 늙어가고 있기 때문이다. 나는 요즘 입버릇처럼 말하는 게 한 가지 있다. "젊었을 때는 힘이 있지만 지식이 없고, 늙어서는 지식이 있지만 힘이 없다." 언젠가 우리의 힘이 완전히 사그라질 때가 올 것이다. 그러나 그때가 오기까지, 친구에게 당부하고 싶은 말은, 주님께서 맡겨주신 사명에 최선을 기울여보자는 것이다.

친구는 이제 총장직과 교직에서 한꺼번에 은퇴를 하는데, 자유인이 되어 제도와 조직에 구애받지 않고 지금보다 더욱 힘차게 사역을 감당하여 설교자들에게 명확한 표상을 설정해주리라 기대한다.

대부분 세월을 같이 산 친구
조병수

은퇴 기념 고별강연

잊혀지는 자의 기억

초판 1쇄   2021년 11월 15일

지은이   정창균
펴낸이   황대연
사진   진형식
발행처   설교자하우스
주소   경기 수원시 팔달구 권광로 276번길 45, 3층
전화   070. 8267. 2928
전자우편   1234@naver.com
등록   2014. 8. 6.

ISBN   979-11-976251-1-4 03230
ⓒ 정창균 2021